Paz Interior

COLOREA POR NÚMEROS

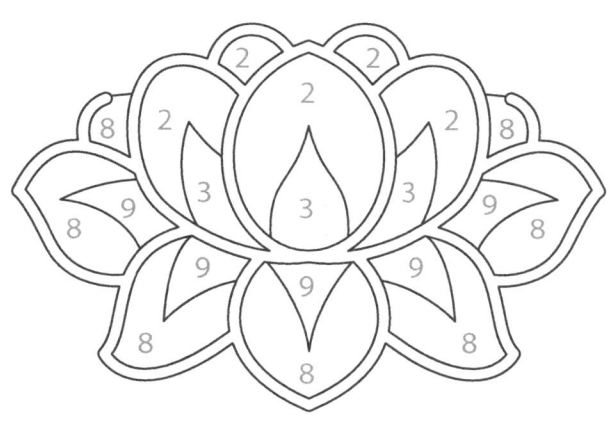

Paz Interior
COLOREA POR NÚMEROS

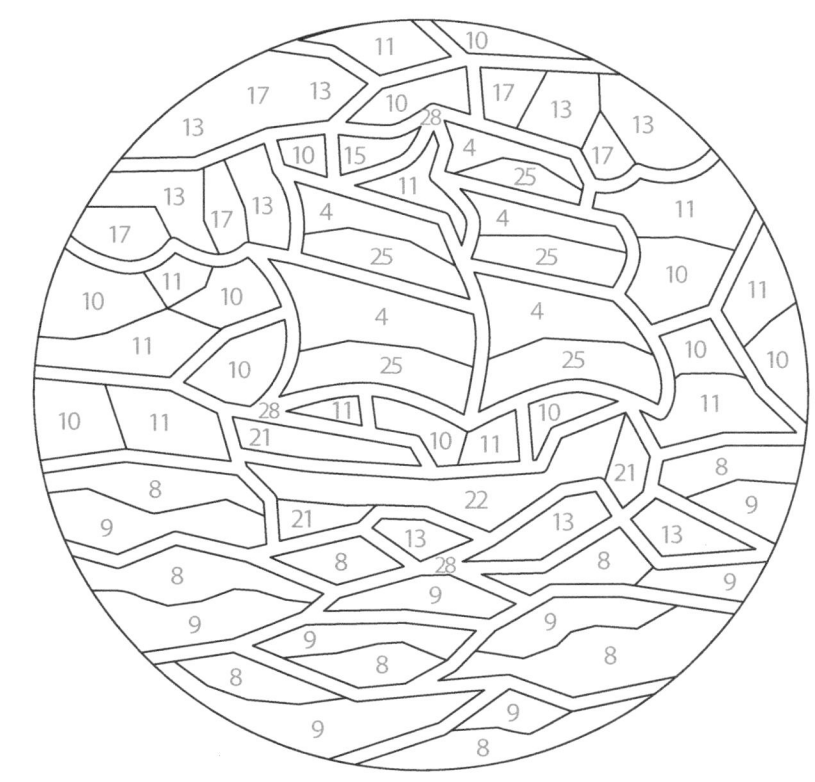

DAVID WOODROFFE

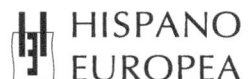

HISPANO
EUROPEA

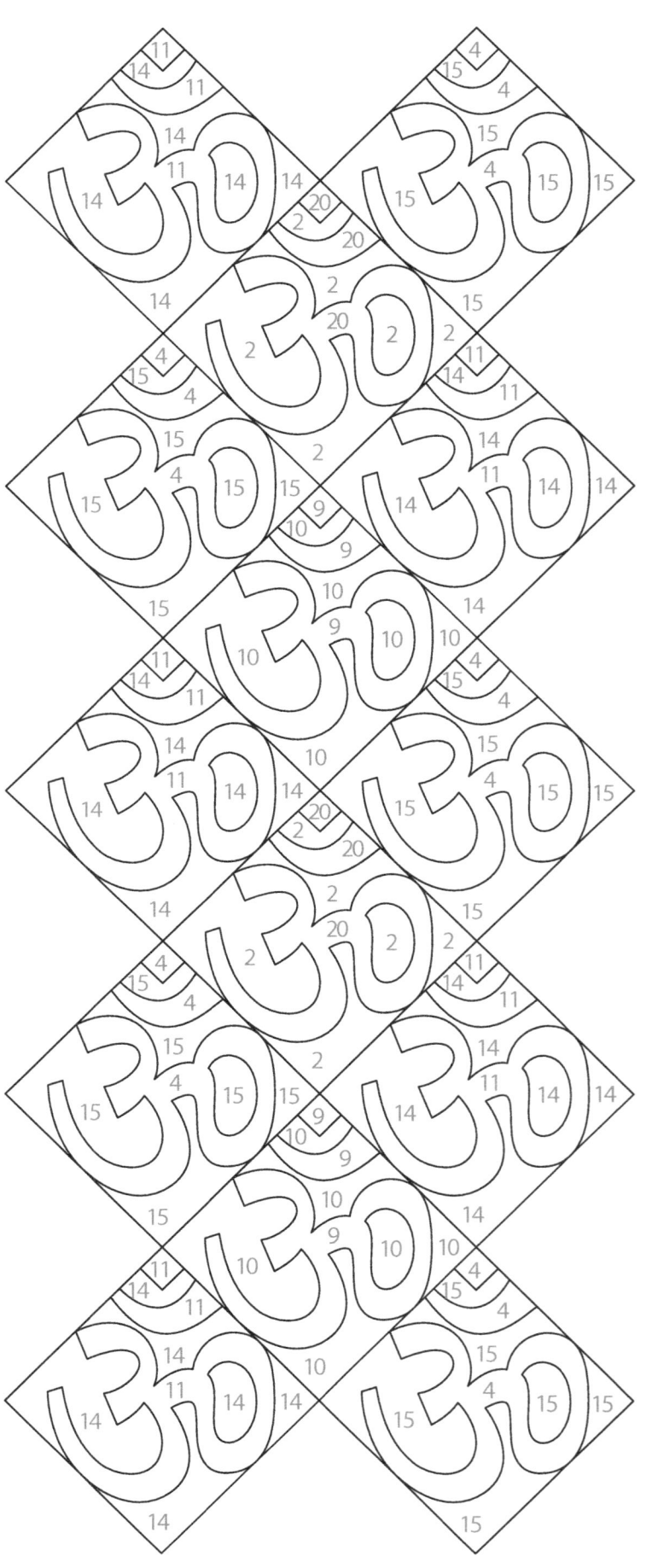

Introducción

¿Qué te trae paz? ¿Es la ausencia de ruidos irritantes? ¿La sonrisa en el rostro de alguien a quien amas? ¿Una maravillosa puesta de sol? ¿O la comodidad de una deliciosa bebida caliente en unos minutos de descanso?

Puedes dejar de lado las preocupaciones mientras disfrutas liberando tu energía creativa eligiendo cualquiera de estas fascinantes imágenes para colorear.

Cada imagen se ha realizado especialmente para este libro y se ha elegido para transmitir una sensación de tranquilidad y paz interior, ya sea apreciando la belleza de una mariposa, la delicadeza de una flor o la riqueza de una magnífica obra de arte. A medida que tomes tus lápices o rotuladores de colores y comiences a dar vida a una imagen, te encontrarás dentro del maravilloso mundo caleidoscópico que te espera en estas páginas.

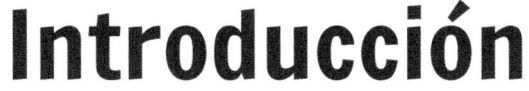

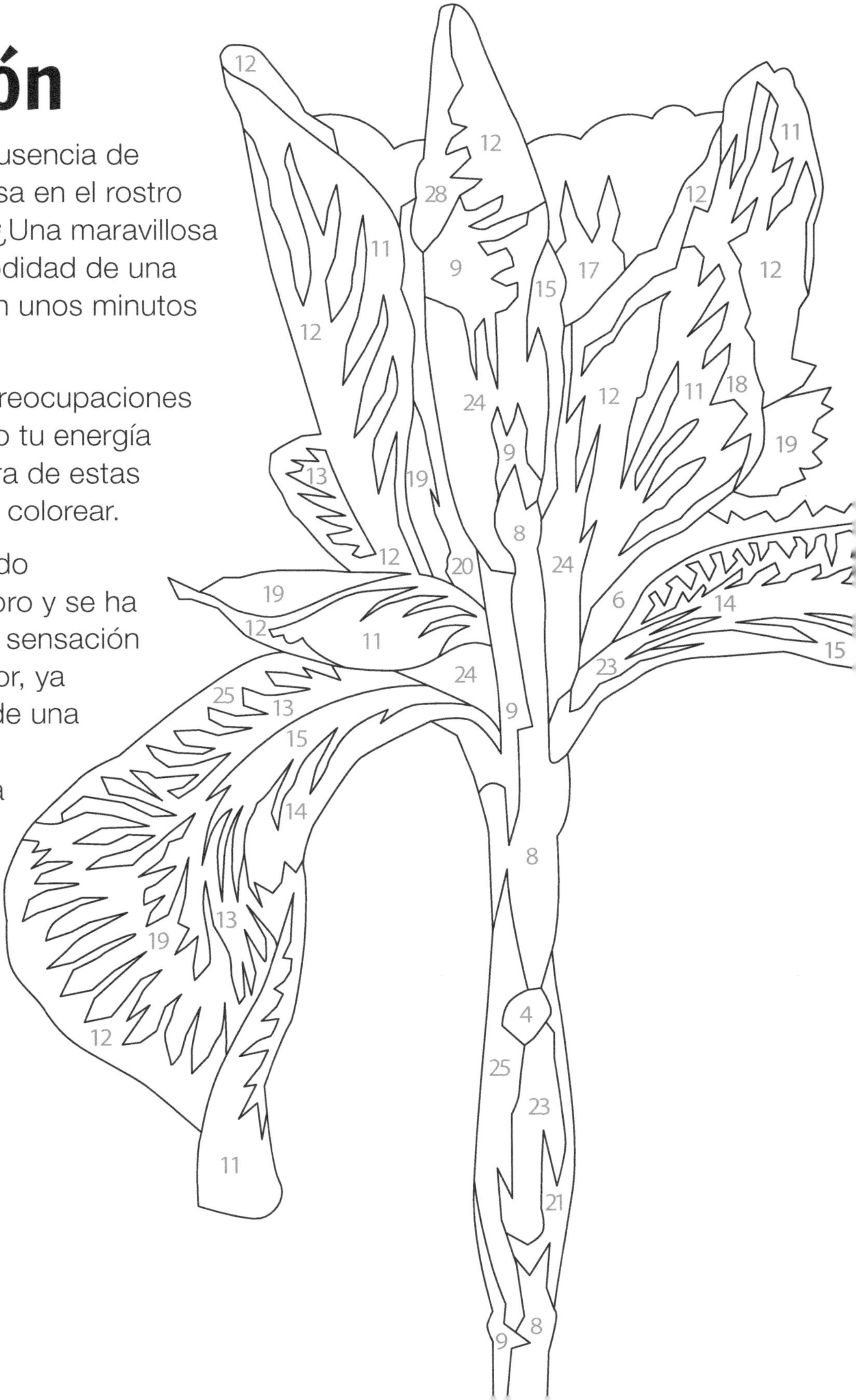

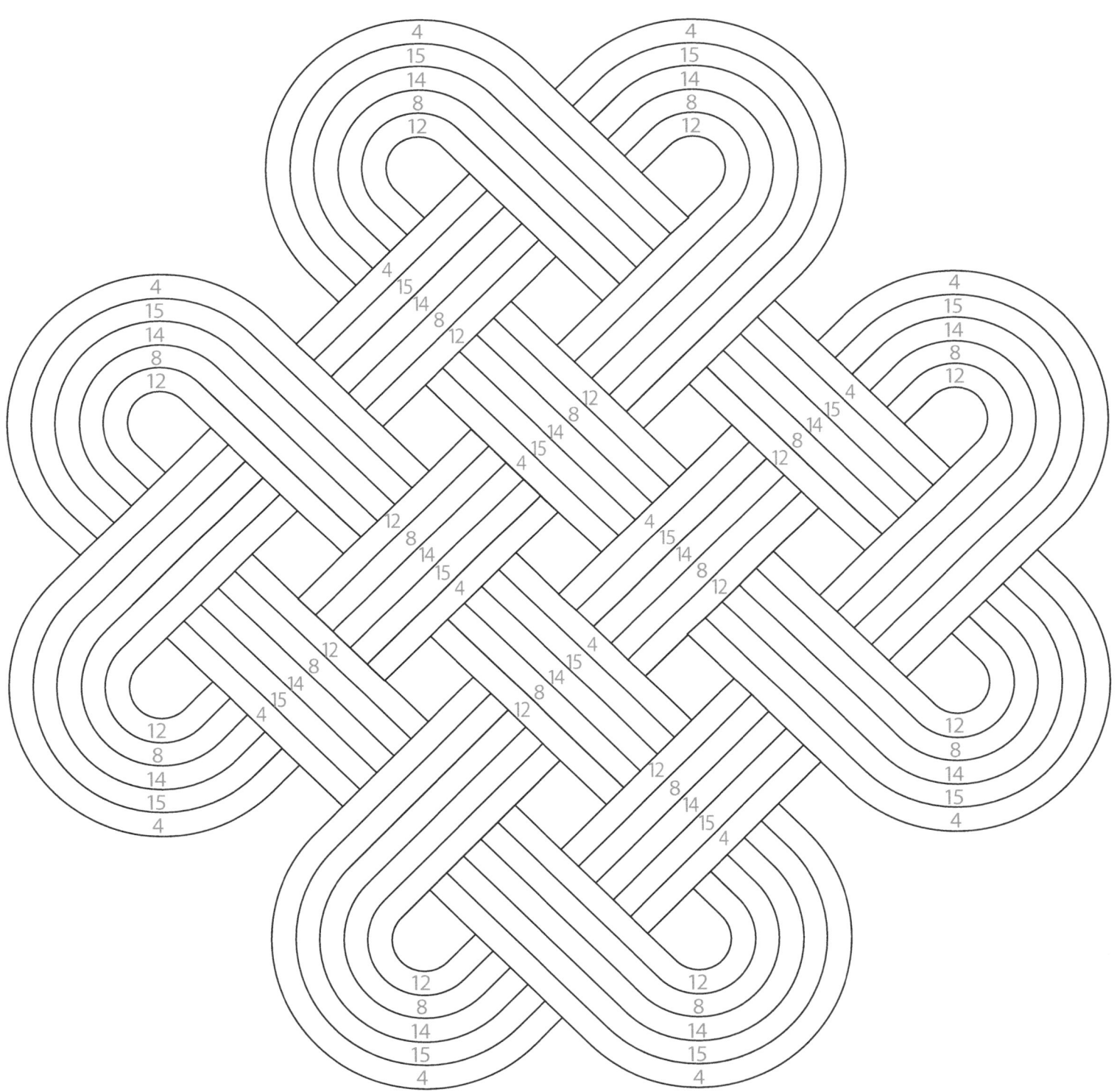

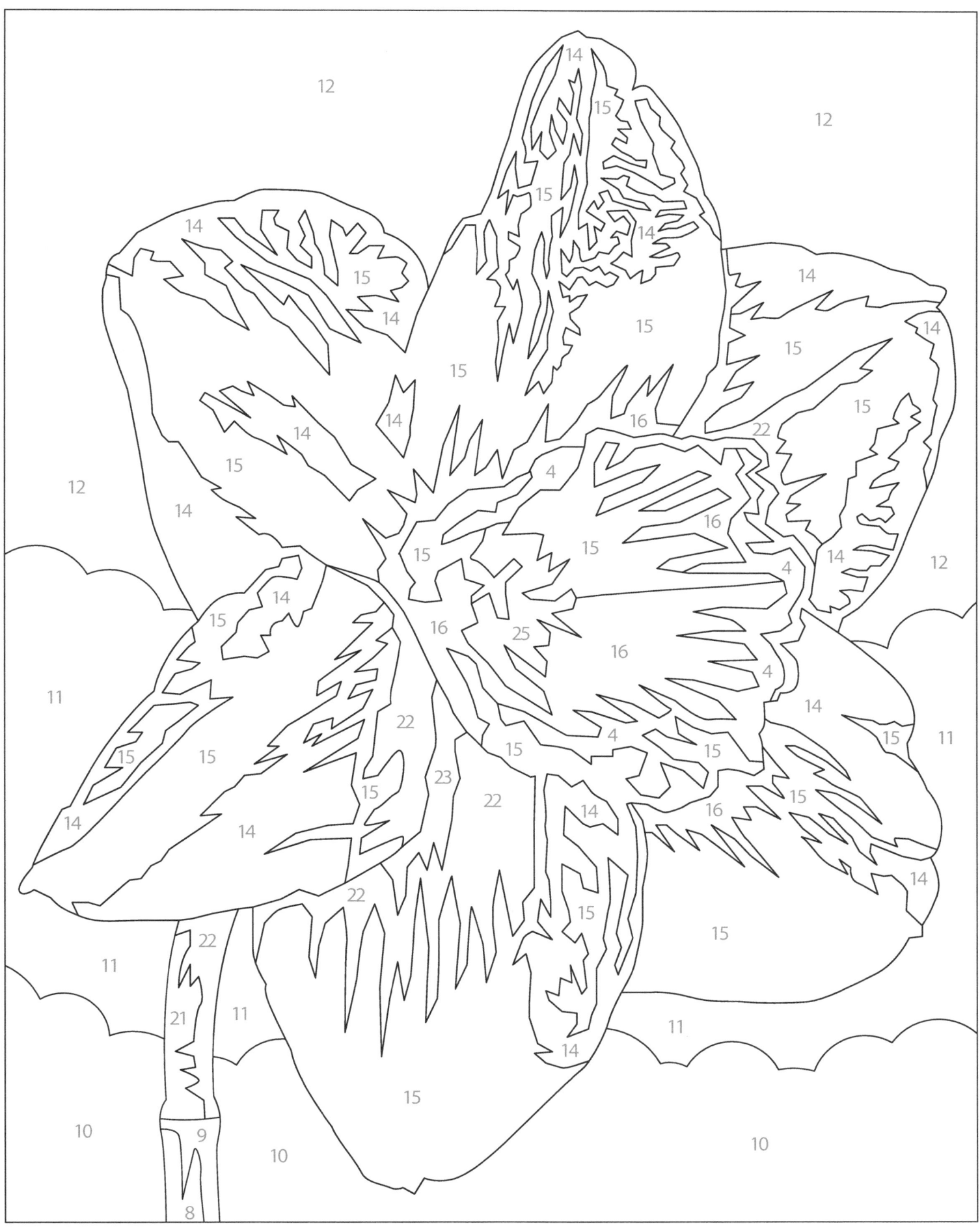

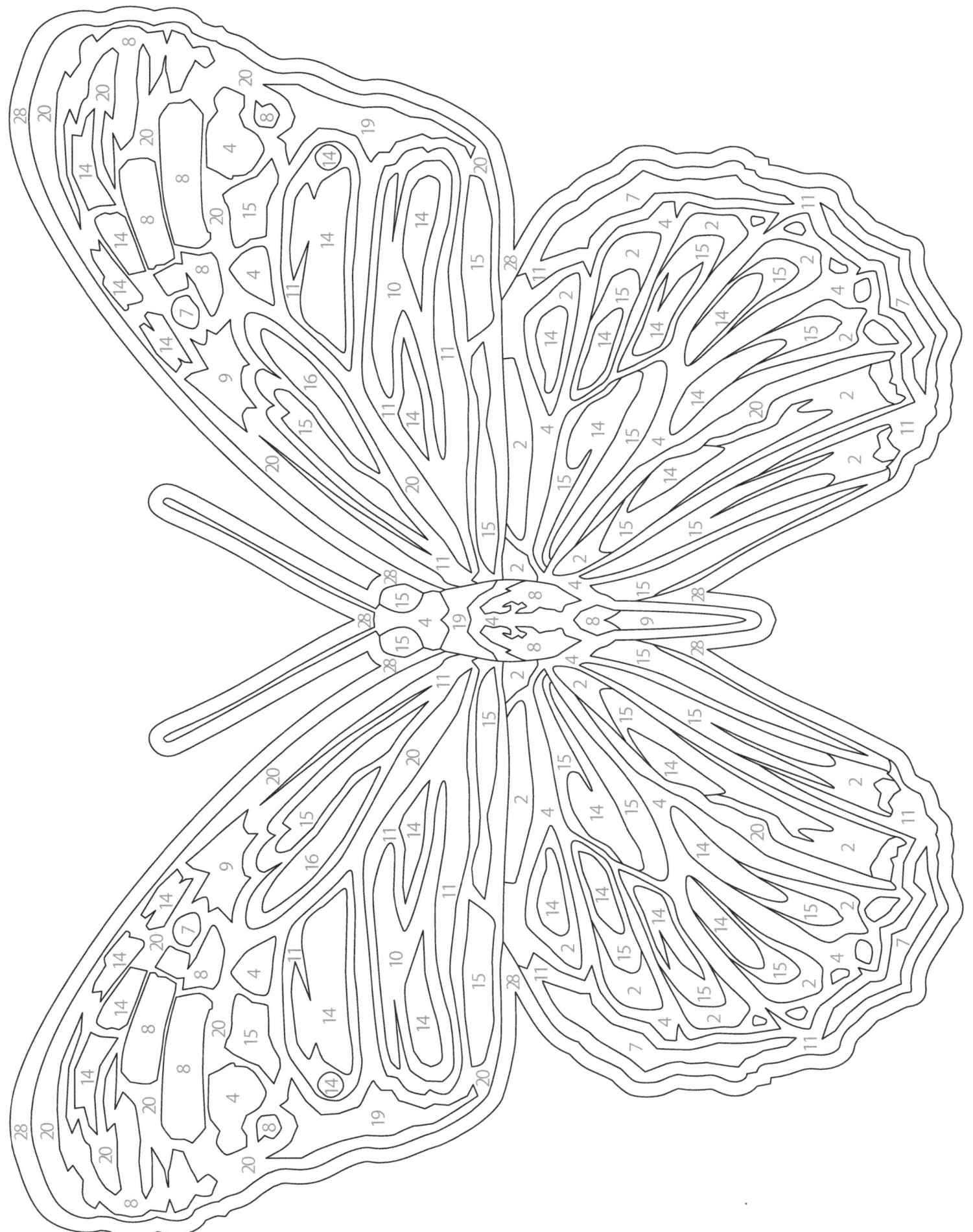

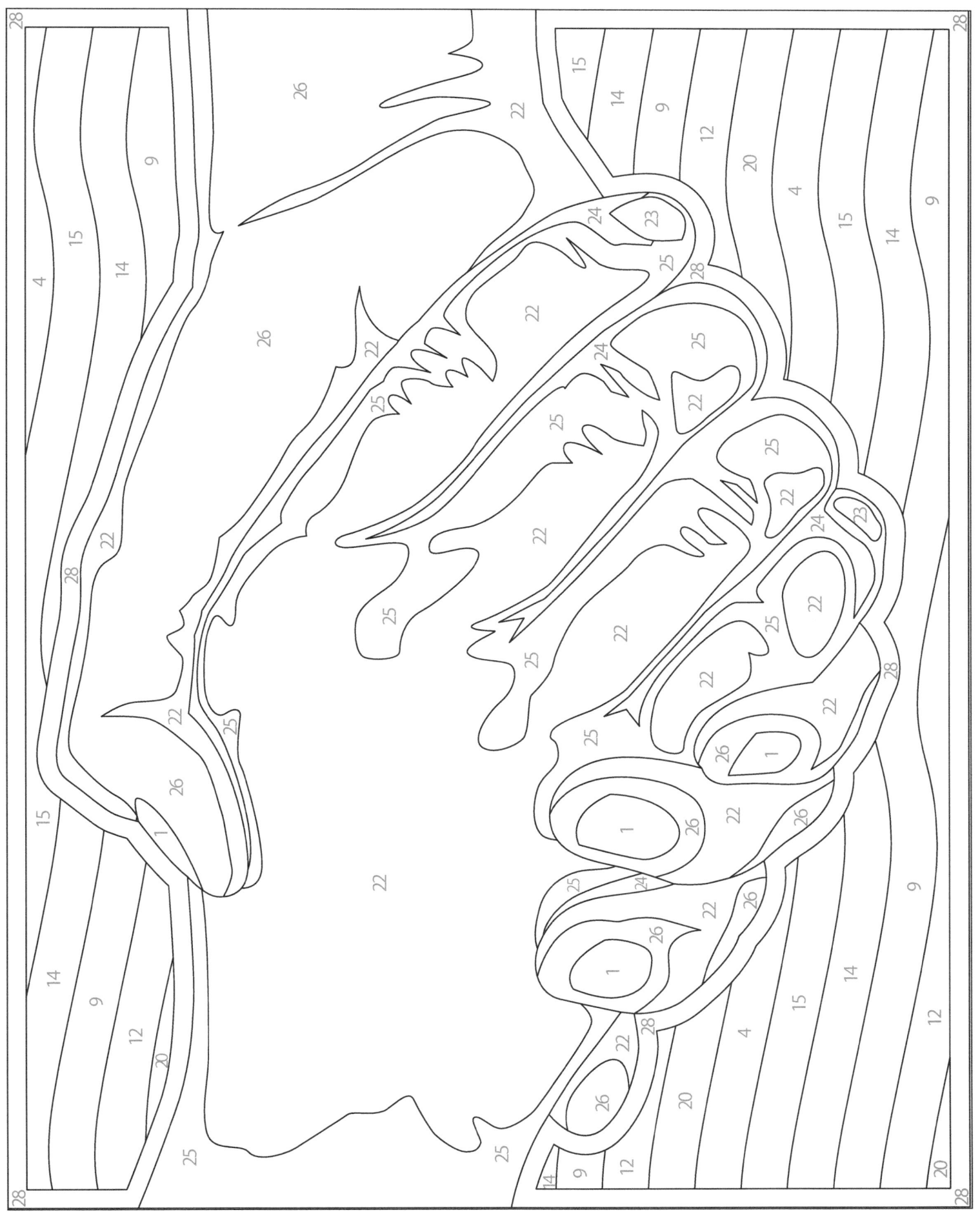

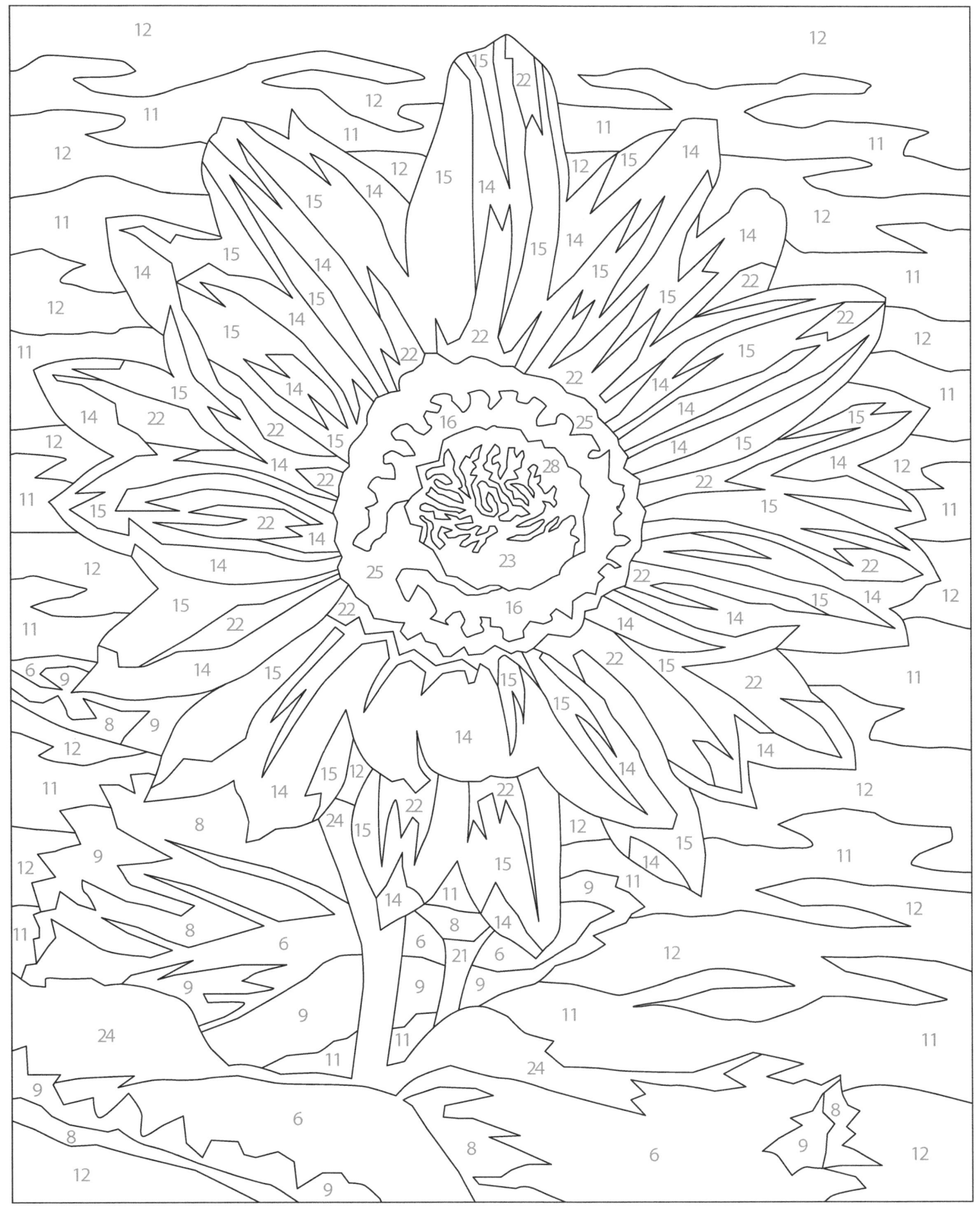

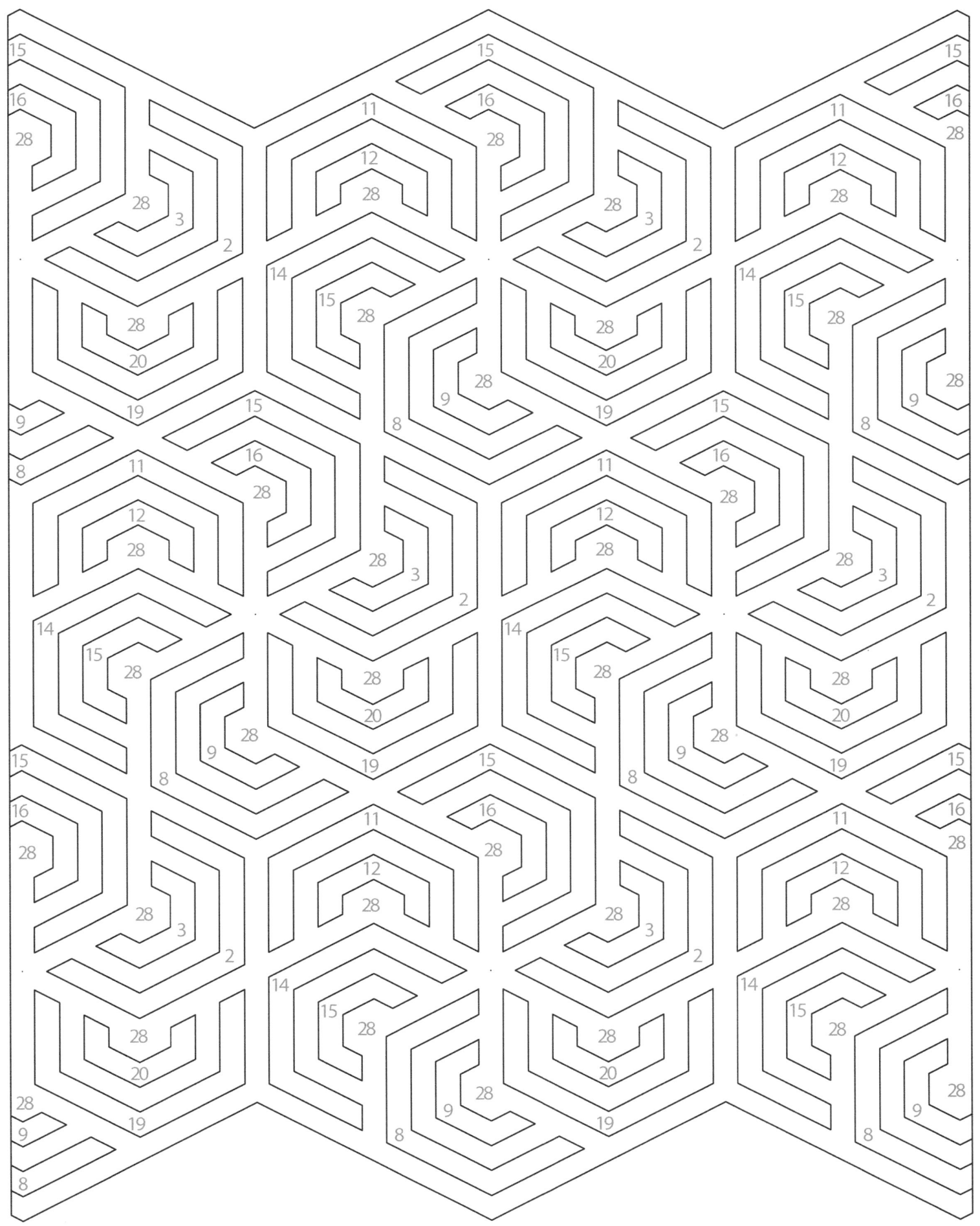

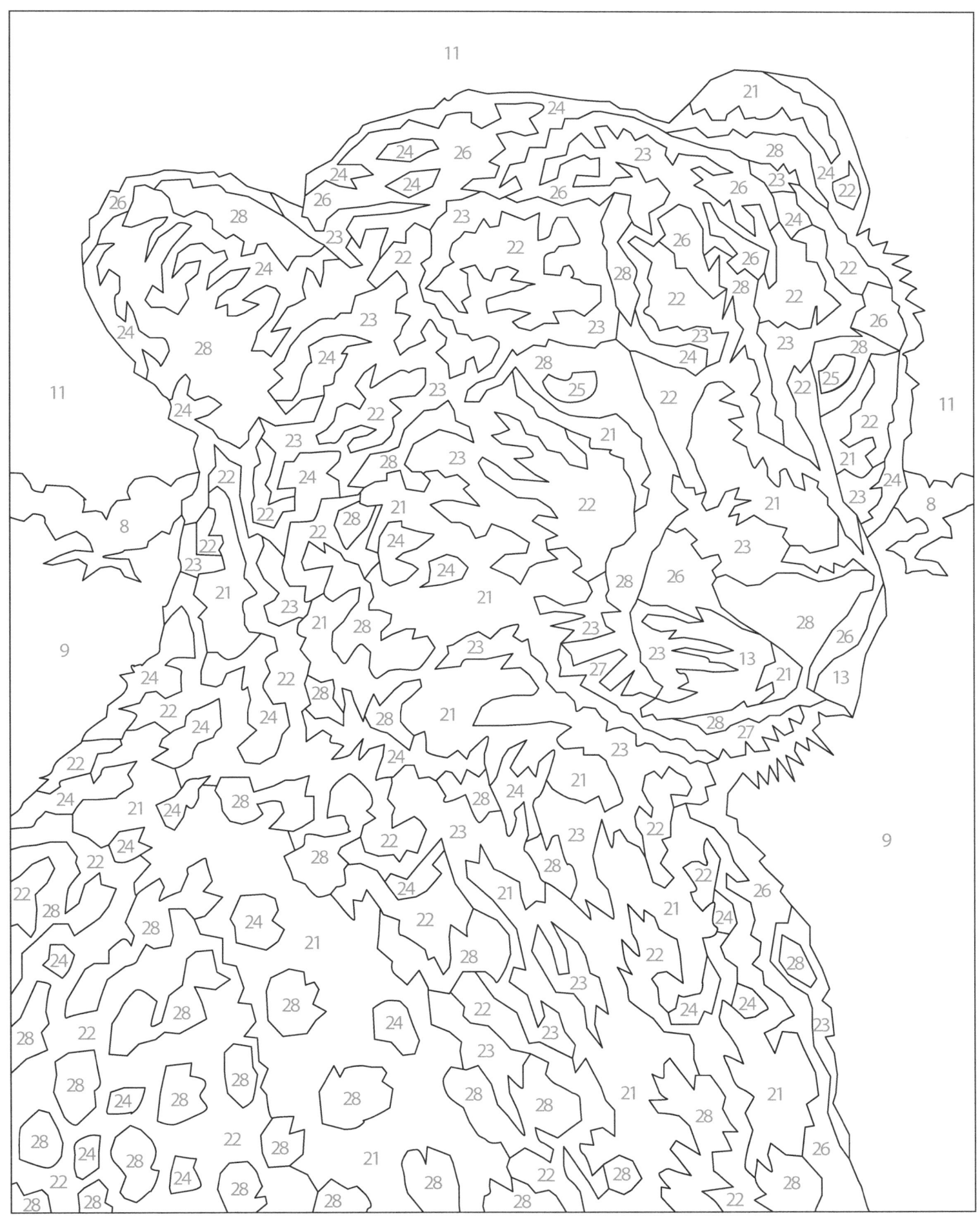

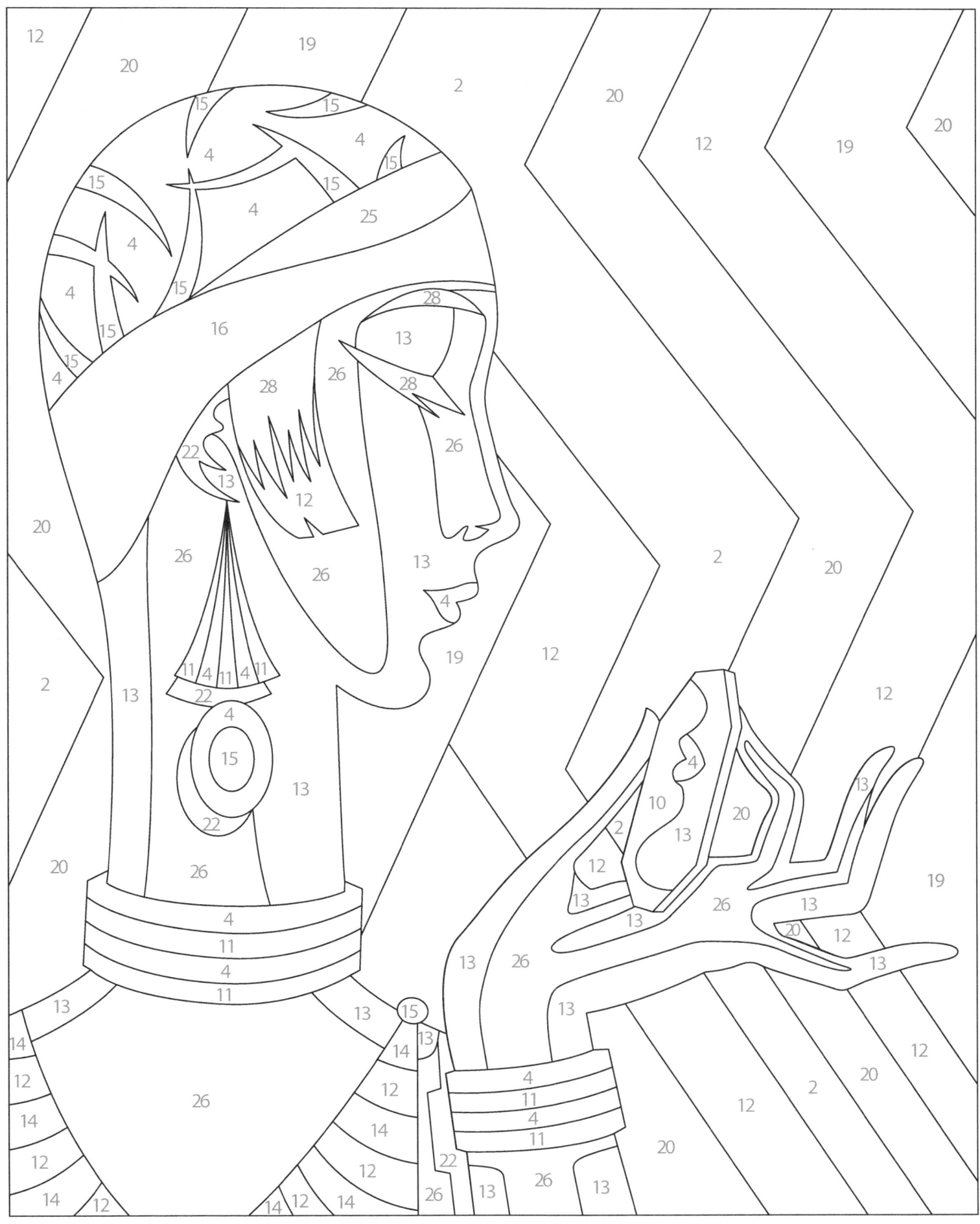

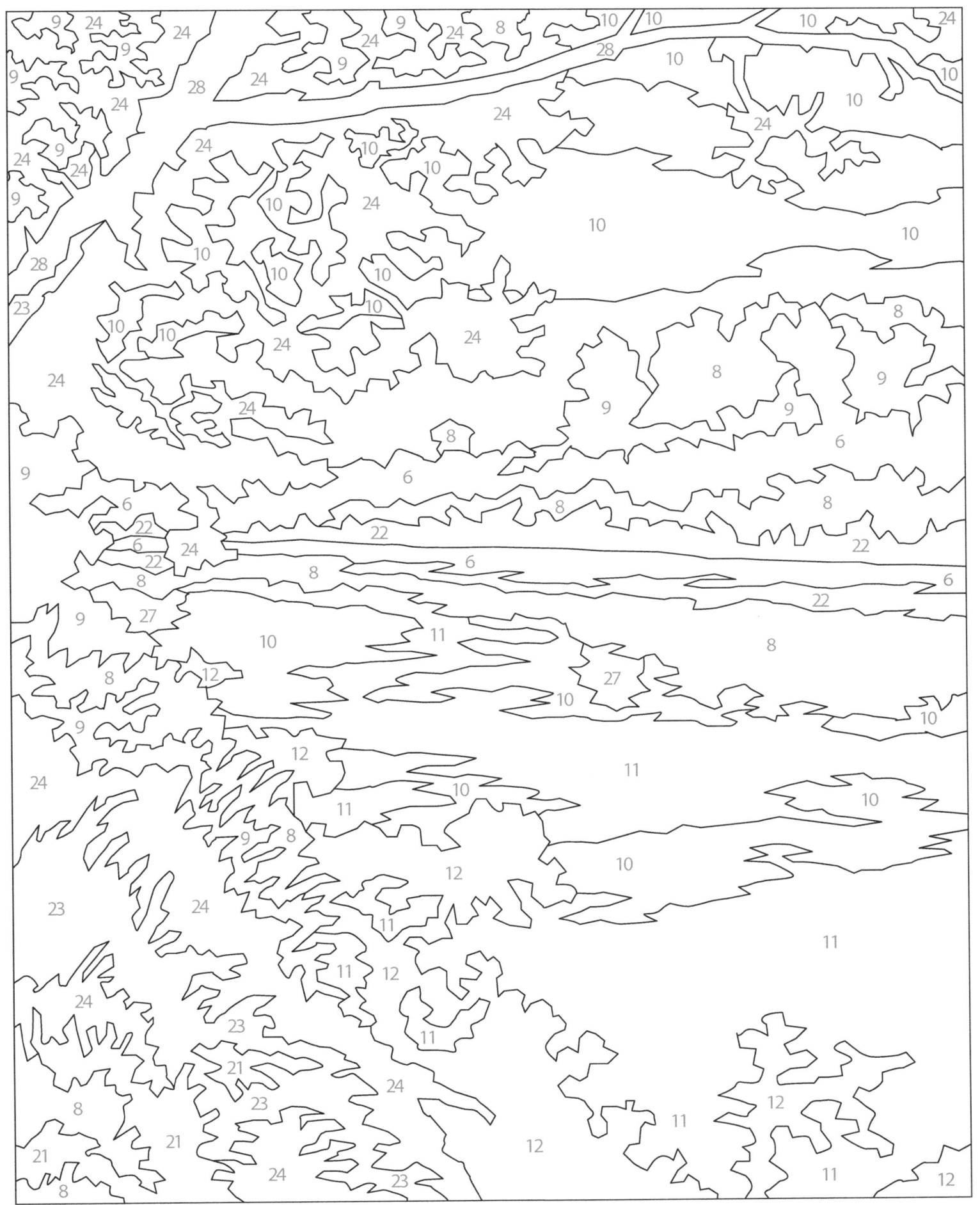

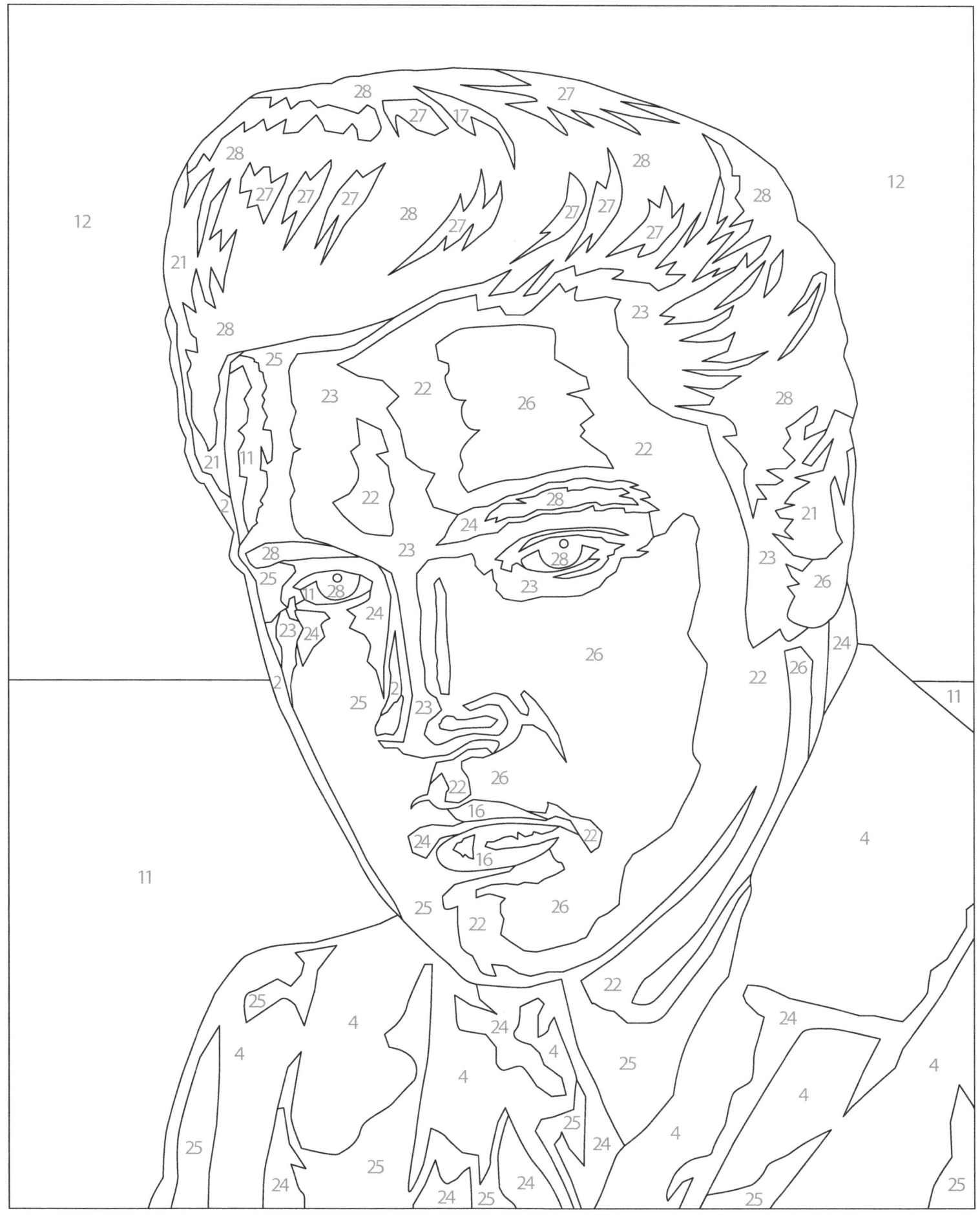

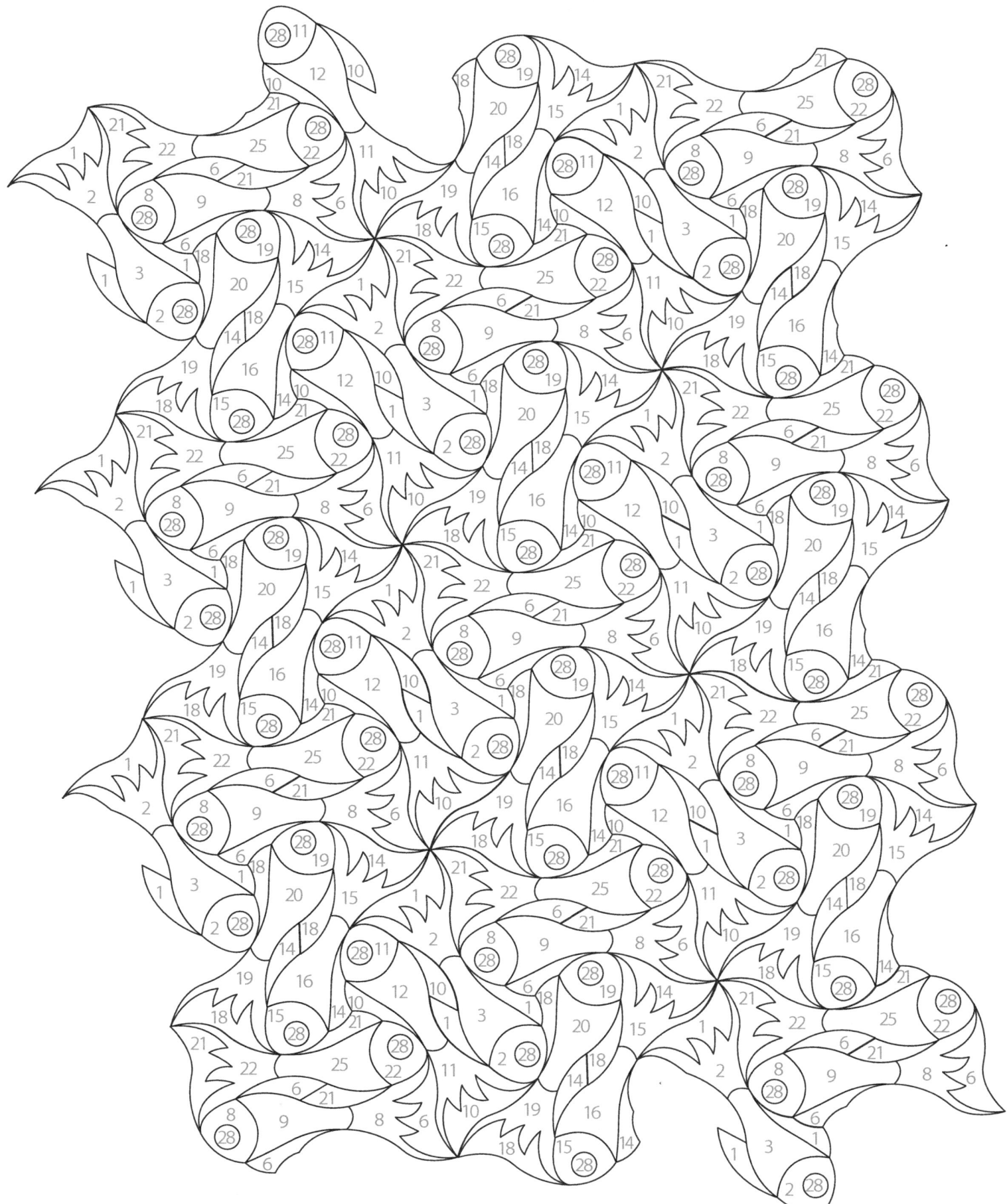

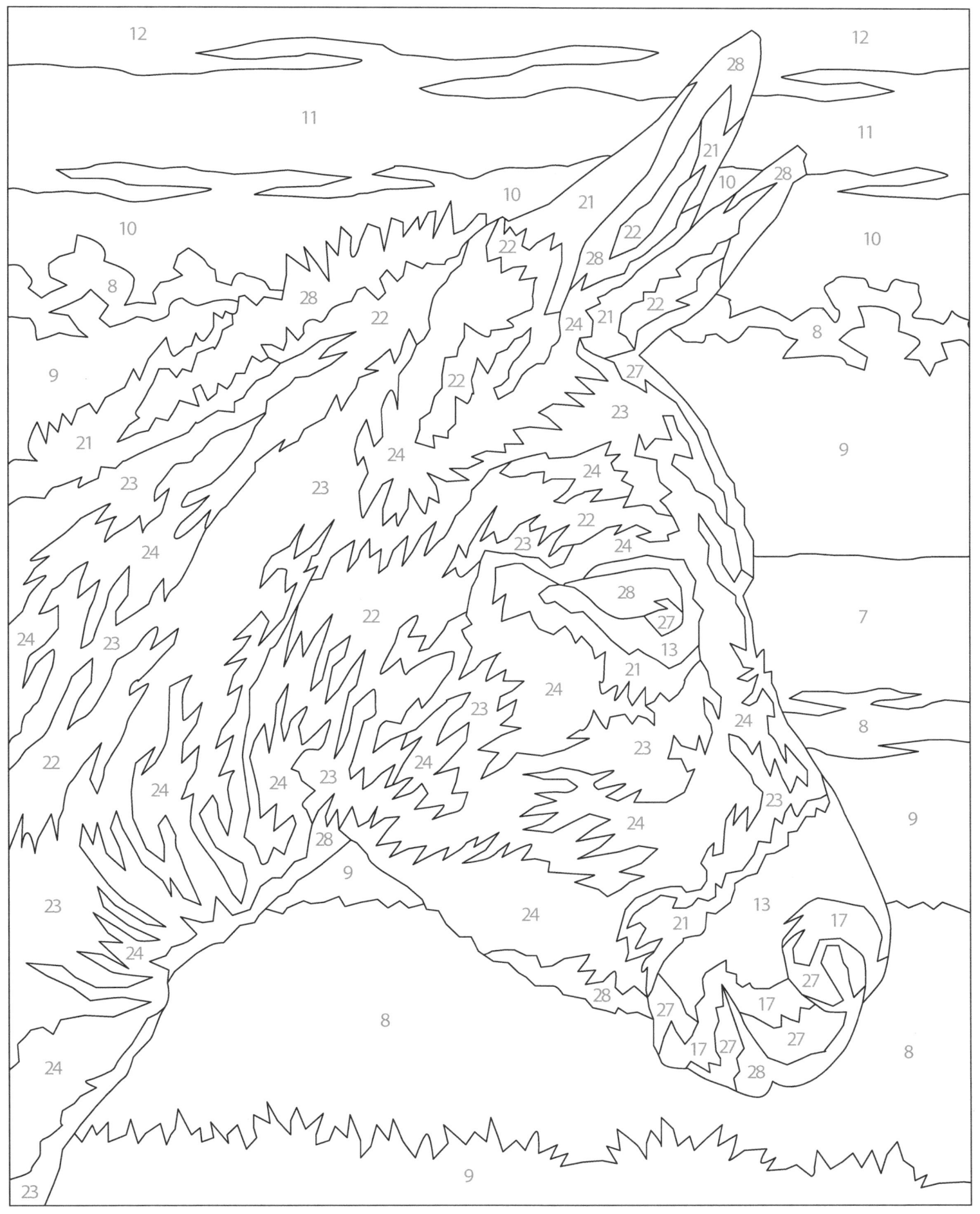

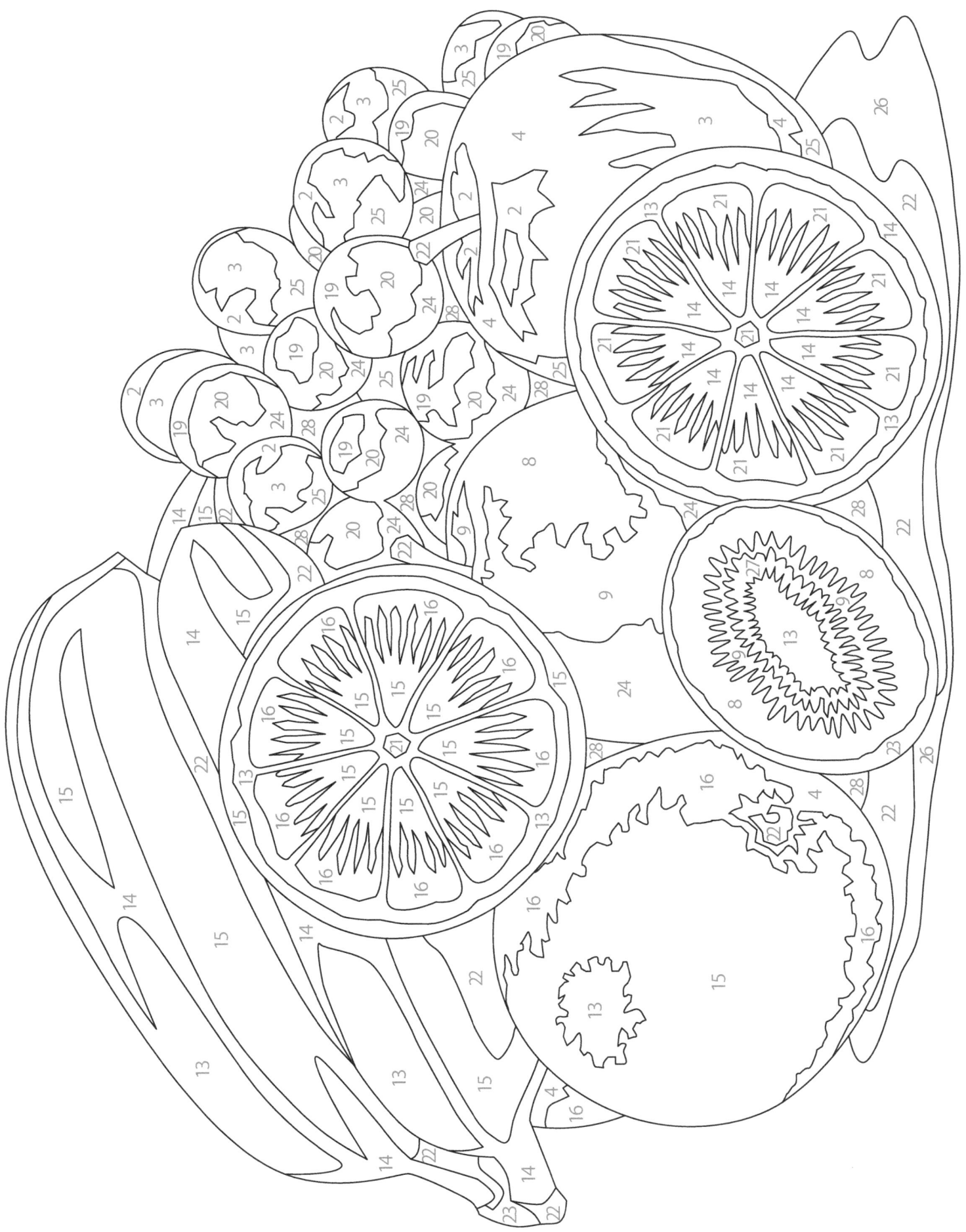

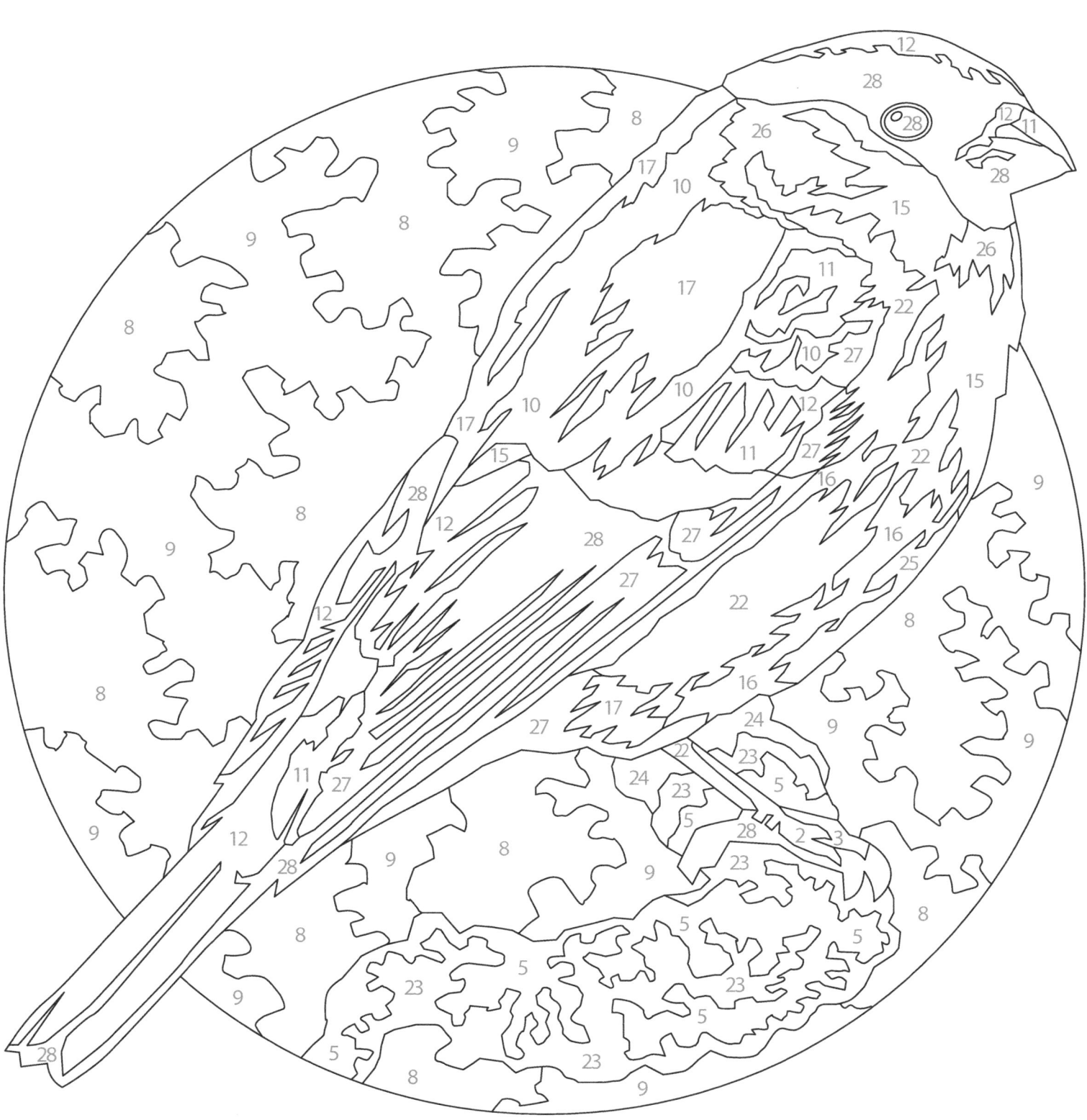

```
11 14 11 14 11 14 11 14 11 14 11 14 11 14 11 14 11 14 11 14 11 14 11 14 11 14 11 14 11 14 11 14 11 14 11 14 11 14 11 14 11 14 11
 1  7  1  7  1  7  1  7  1  7  1  7  1  7  1  7  1  7  1  7  1  7  1  7  1  7  1  7  1  7  1  7  1  7  1  7  1  7  1  7  1  7  1
11 14 11 14 11 14 11 14 11 14 11 14 11 14 11 14 11 14 11 14 11 14 11 14 11 14 11 14 11 14 11 14 11 14 11 14 11 14 11 14 11 14 11
 1  7  1  7  1  7  1  7  1  7  1  7  1  7  1  7  1  7  1  7  1  7  1  7  1  7  1  7  1  7  1  7  1  7  1  7  1  7  1  7  1  7  1
11 14 11 14 11 14 11 14 11 14 11 14 11 14 11 14 11 14 11 14 11 14 11 14 11 14 11 14 11 14 11 14 11 14 11 14 11 14 11 14 11 14 11
 1  7  1  7  1  7  1  7  1  7  1  7  1  7  1  7  1  7  1  7  1  7  1  7  1  7  1  7  1  7  1  7  1  7  1  7  1  7  1  7  1  7  1
11 14 11 14 11 14 11 14 11 14 11 14 12 15 12 15 12 15 12 15 12 15 12 14 11 14 11 14 11 14 11 14 11 14 11 14 11 14 11 14 11
 1  7  1  7  1  7  1  7  1  7  1  8  2  8  2  8  2  8  2  8  2  8  2  8  1  7  1  7  1  7  1  7  1  7  1  7  1  7  1
11 14 11 14 11 14 11 15 12 15 12 15 12 15 12 15 12 15 12 15 12 15 11 14 11 14 11 14 11 14 11 14 11 14 11 14 11 14 11 14 11
 1  7  1  7  1  7  2  8  2  8  2  8  1  7  2  8  2  7  1  8  2  8  2  8  2  7  1  7  1  7  1  7  1  7  1  7  1  7  1
11 14 11 14 11 15 12 15 12 15 12 15 11 14 11 14 11 14 11 14 12 15 12 15 11 14 11 14 11 14 11 15 12 15 12 15 11 14 11 14 11
 1  7  1  7  2  8  2  8  1  7  1  7  1  7  1  7  2  8  2  7  1  7  1  7  1  7  1  8  2  8  2  7  1  7  1  7  1
11 14 11 14 11 15 12 15 12 14 11 14 11 14 11 14 11 14 12 15 12 15 12 14 11 14 11 14 11 14 11 14 12 15 12 14 11 14 11 14 11
 1  7  1  7  2  8  2  8  2  7  1  7  1  7  1  7  1  7  2  8  2  7  1  7  1  7  1  7  1  7  1  7  2  8  2  8  1  7  1
11 14 11 14 12 15 12 15 11 14 11 14 11 14 11 14 11 14 12 15 12 14 11 14 11 14 11 14 11 14 11 14 15 12 15 11 14 11 14 11
 1  7  1  8  2  8  1  7  1  7  1  7  1  7  1  7  1  7  2  8  2  7  1  7  1  7  1  7  1  7  1  8  2  8  1  7  1  7  1
11 14 12 15 12 15 11 14 11 14 11 14 11 14 11 14 11 14 12 15 12 14 11 14 11 14 11 14 11 14 11 14 11 15 12 15 12 14 11
 1  7  2  8  2  7  1  7  1  7  1  7  1  7  1  7  1  7  2  8  2  7  1  7  1  7  1  7  1  7  1  7  2  8  2  7  1
11 14 12 15 12 14 11 14 11 14 11 14 11 14 11 14 11 8  2  8  2  8  1  7  1  7  1  7  1  7  1  7  1  7  2  8  2  7  1
 1  7  2  8  2  7  1  7  1  7  1  7  1  7  1  8  2  8  2  8  2  8  2  8  1  7  1  7  1  7  1  7  2  8  2  7  1
11 14 12 15 12 14 11 14 11 14 11 14 11 14 12 15 12 15 12 15 12 15 12 14 11 14 11 14 11 14 11 15 12 15 12 14 11
 1  7  2  8  2  7  1  7  1  7  1  7  1  8  2  8  2  8  2  8  2  8  1  7  1  7  1  7  1  7  2  8  2  7  1
11 14 12 15 12 15 11 14 11 14 11 14 12 15 12 15 12 15 12 15 12 15 12 14 11 14 11 14 11 15 12 15 12 14 11
 1  7  1  8  2  8  1  7  1  7  1  8  2  8  2  8  2  8  2  8  2  8  1  7  1  7  1  8  2  8  1  7  1
11 14 11 15 12 15 11 14 11 14 12 15 12 15 12 14 12 15 12 14 12 15 12 14 11 14 11 15 12 15 11 14 11
 1  7  1  8  2  8  2  7  1  8  2  8  2  8  1  7  2  8  2  7  1  8  2  8  2  8  1  7  2  8  2  8  1
11 14 11 14 12 15 12 14 12 15 12 15 12 14 11 14 12 15 12 15 12 15 12 14 11 14 12 15 12 14 11 14 11
 1  7  1  7  2  8  2  8  2  8  1  7  1  7  2  8  2  7  1  7  1  8  2  8  2  8  2  7  1  7  1
11 14 11 14 12 15 12 15 12 15 12 14 11 14 11 14 11 14 12 15 12 15 12 15 11 14 11 14 11
 1  7  1  7  1  7  2  8  2  8  1  7  1  7  1  7  2  8  2  7  1  7  1  8  2  8  2  7  1
11 14 11 14 11 14 11 15 12 15 12 15 12 15 12 15 12 15 12 14 11 14 11 14 11 14 11
 1  7  1  7  1  7  1  7  1  8  2  8  2  8  2  8  2  8  2  8  1  7  1  7  1  7  1
11 14 11 14 11 14 11 14 12 15 12 15 12 15 12 14 11 14 11 14 11 14 11
 1  7  1  7  1  7  1  7  1  7  1  7  1  7  1  7  1  7  1  7  1  7  1
11 14 11 14 11 14 11 14 11 14 11 14 11 14 11 14 11 14 11 14 11
 1  7  1  7  1  7  1  7  1  7  1  7  1  7  1  7  1  7  1  7  1
11 14 11 14 11 14 11 14 11 14 11 14 11 14 11 14 11 14 11 14 11
 1  7  1  7  1  7  1  7  1  7  1  7  1  7  1  7  1  7  1  7  1
11 14 11 14 11 14 11 14 11 14 11 14 11 14 11 14 11 14 11 14 11
```

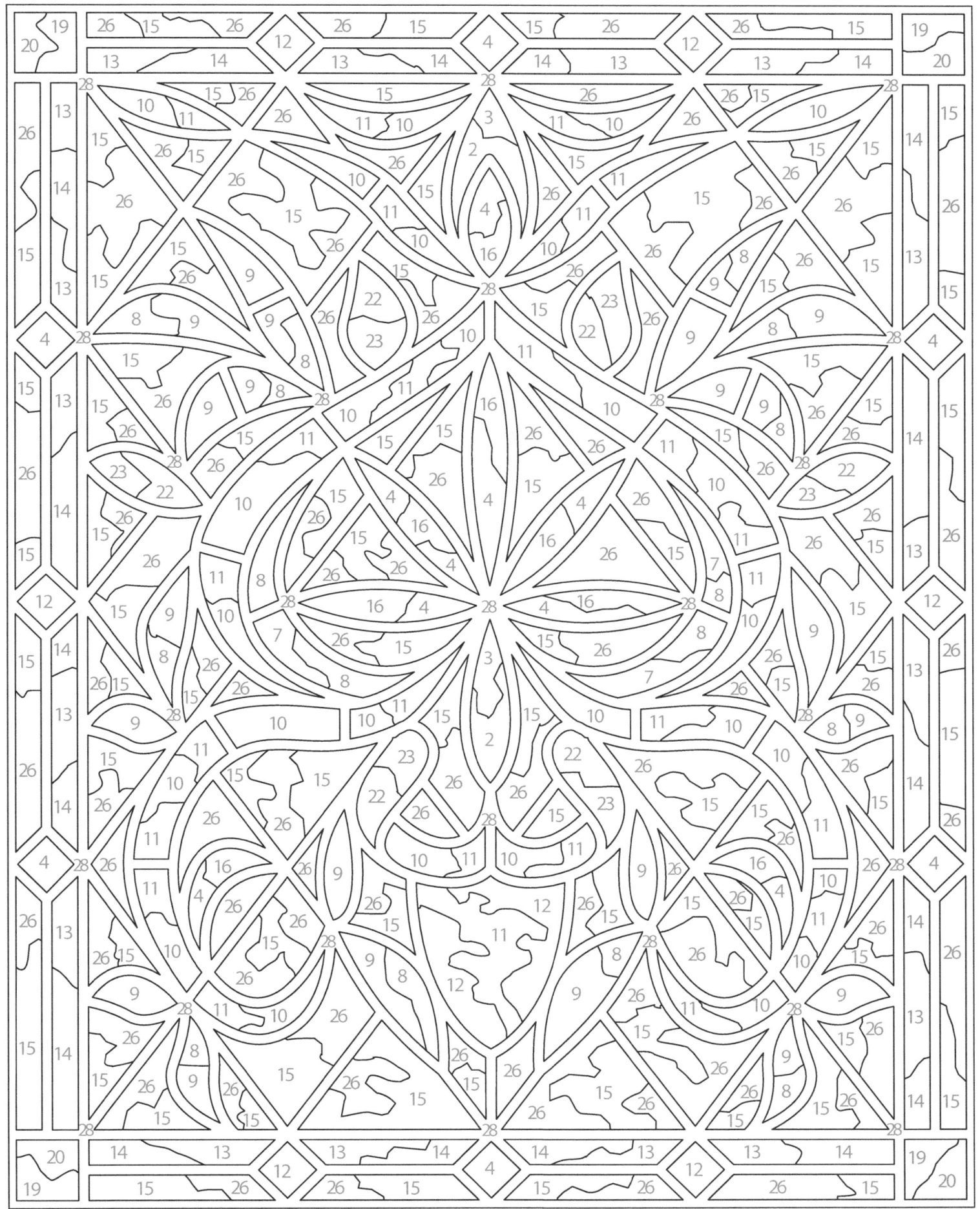

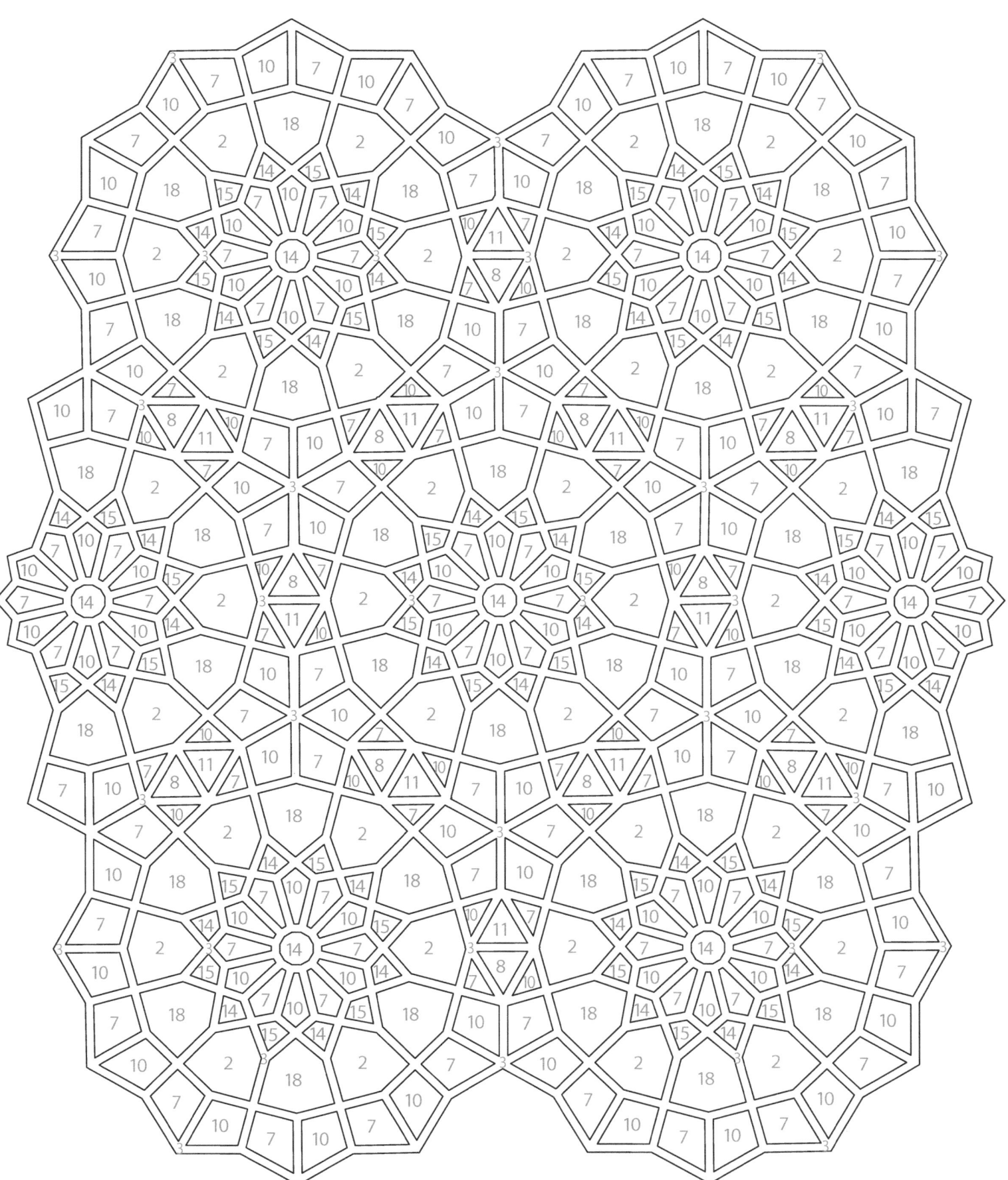

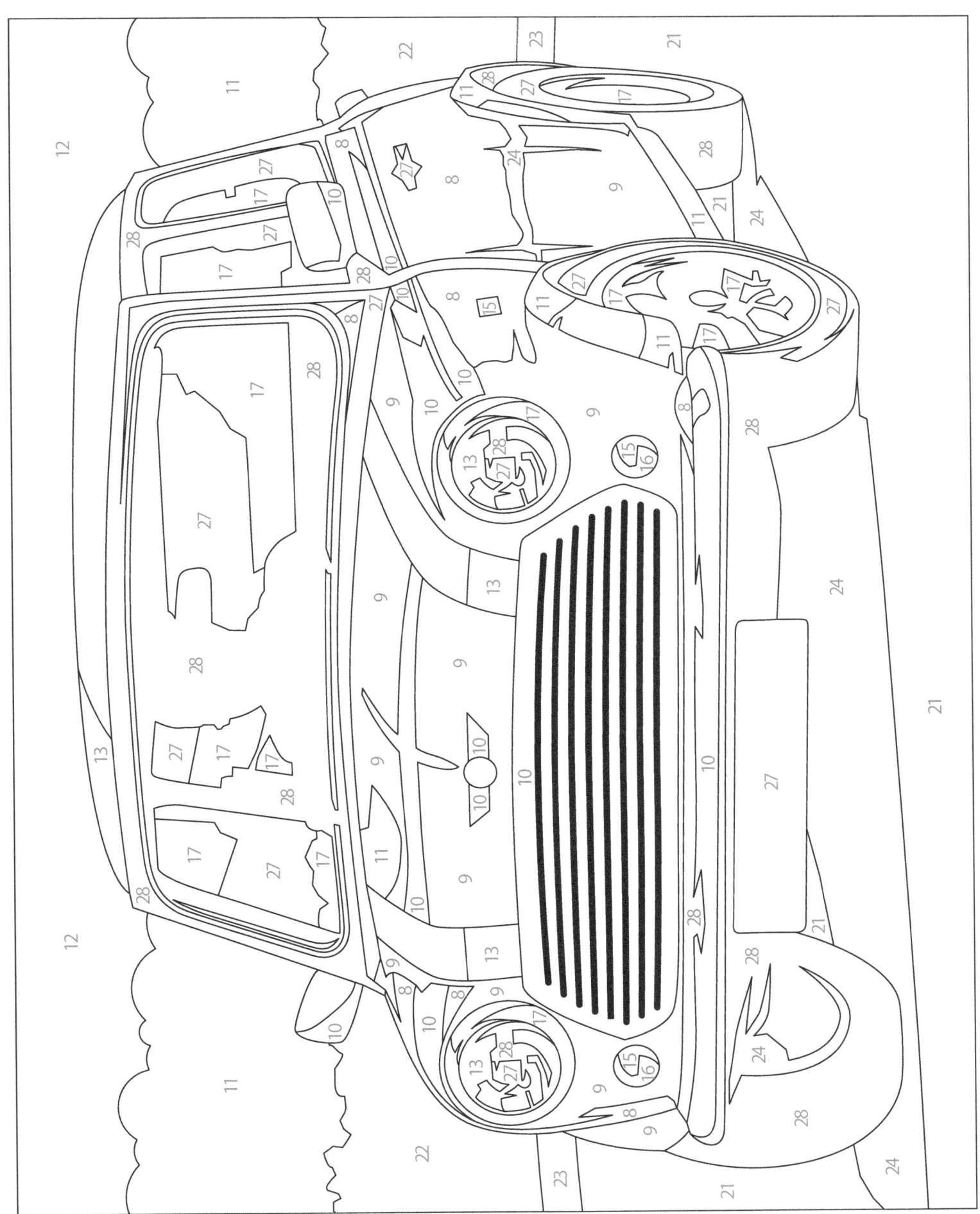

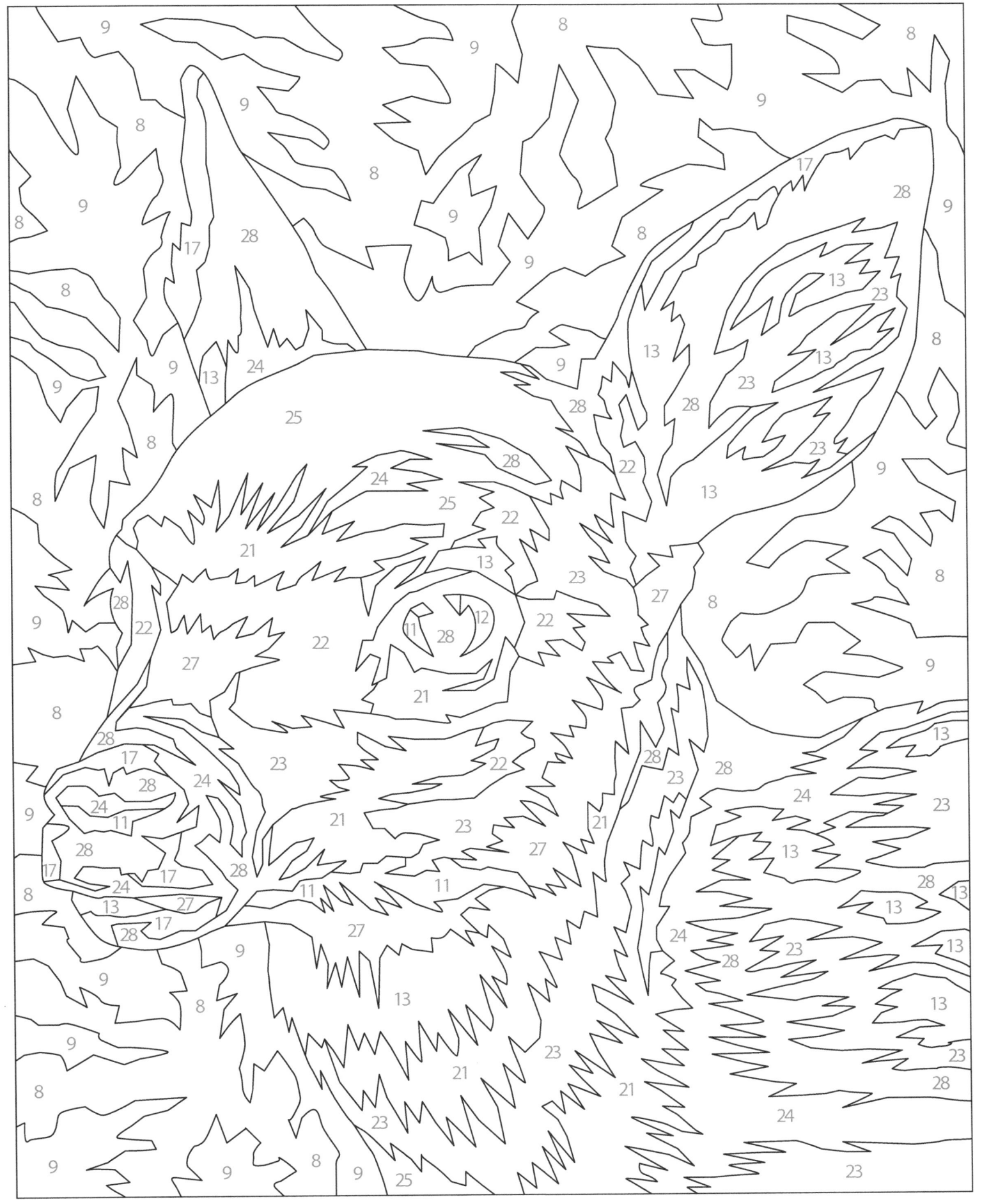

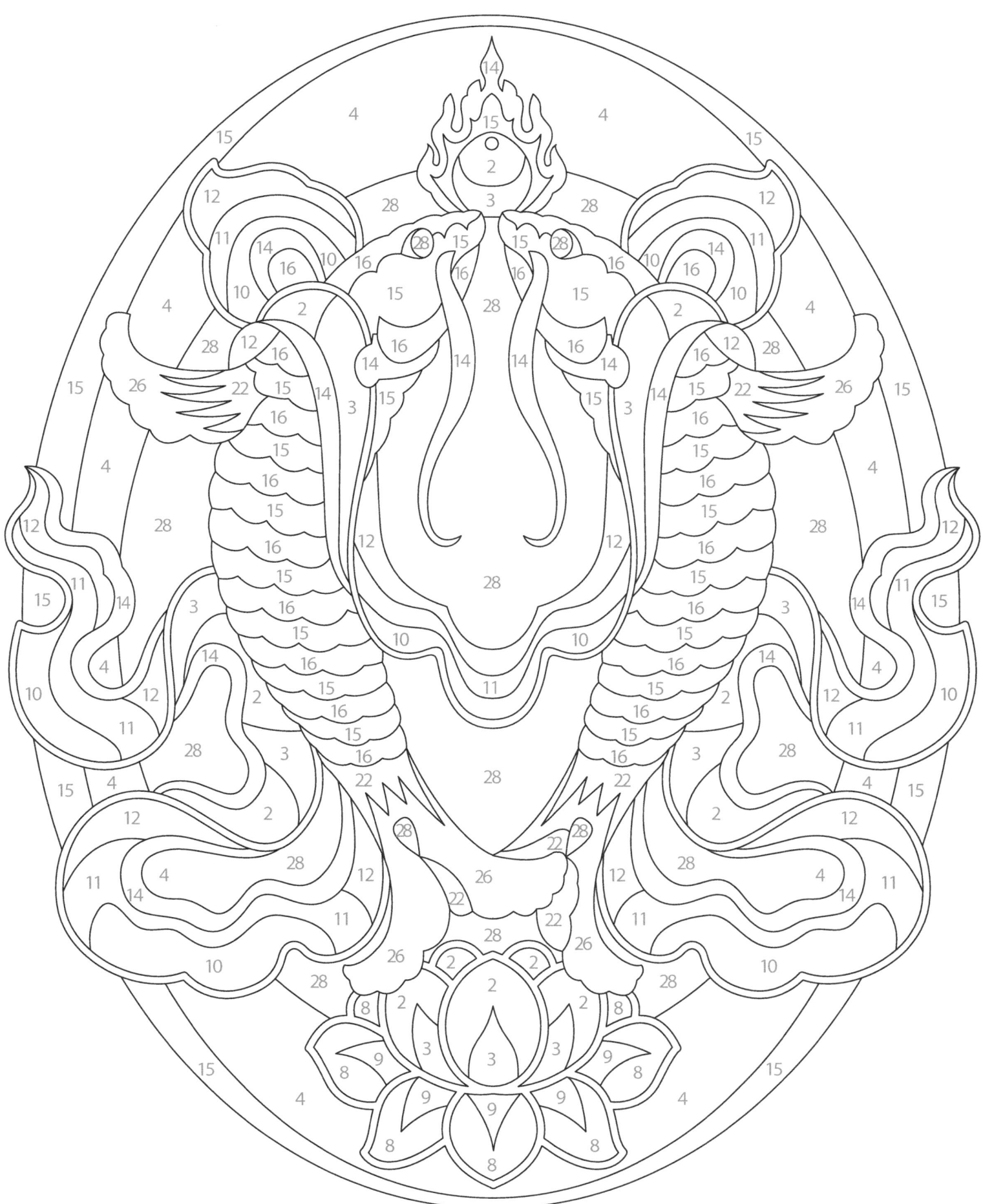

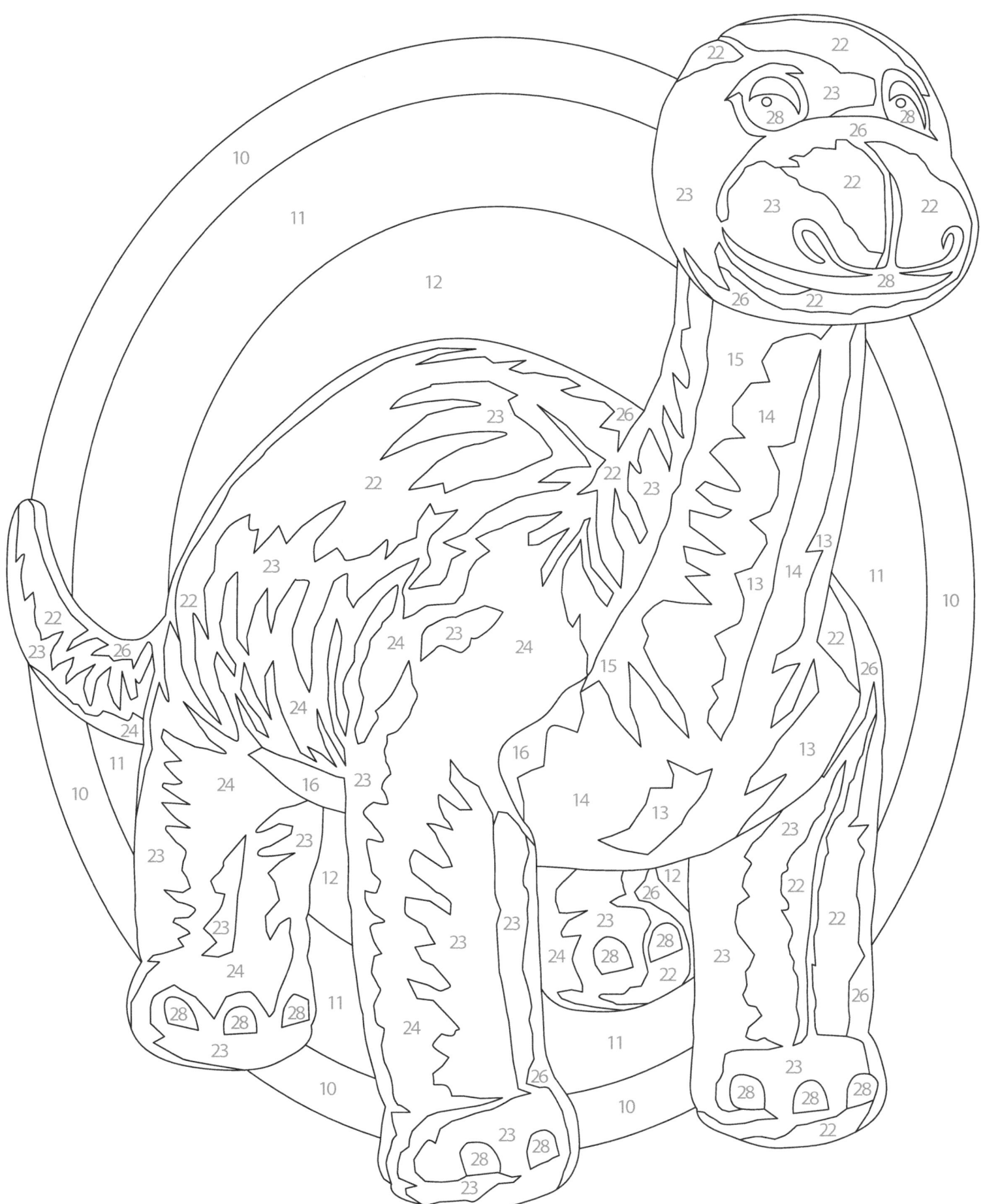

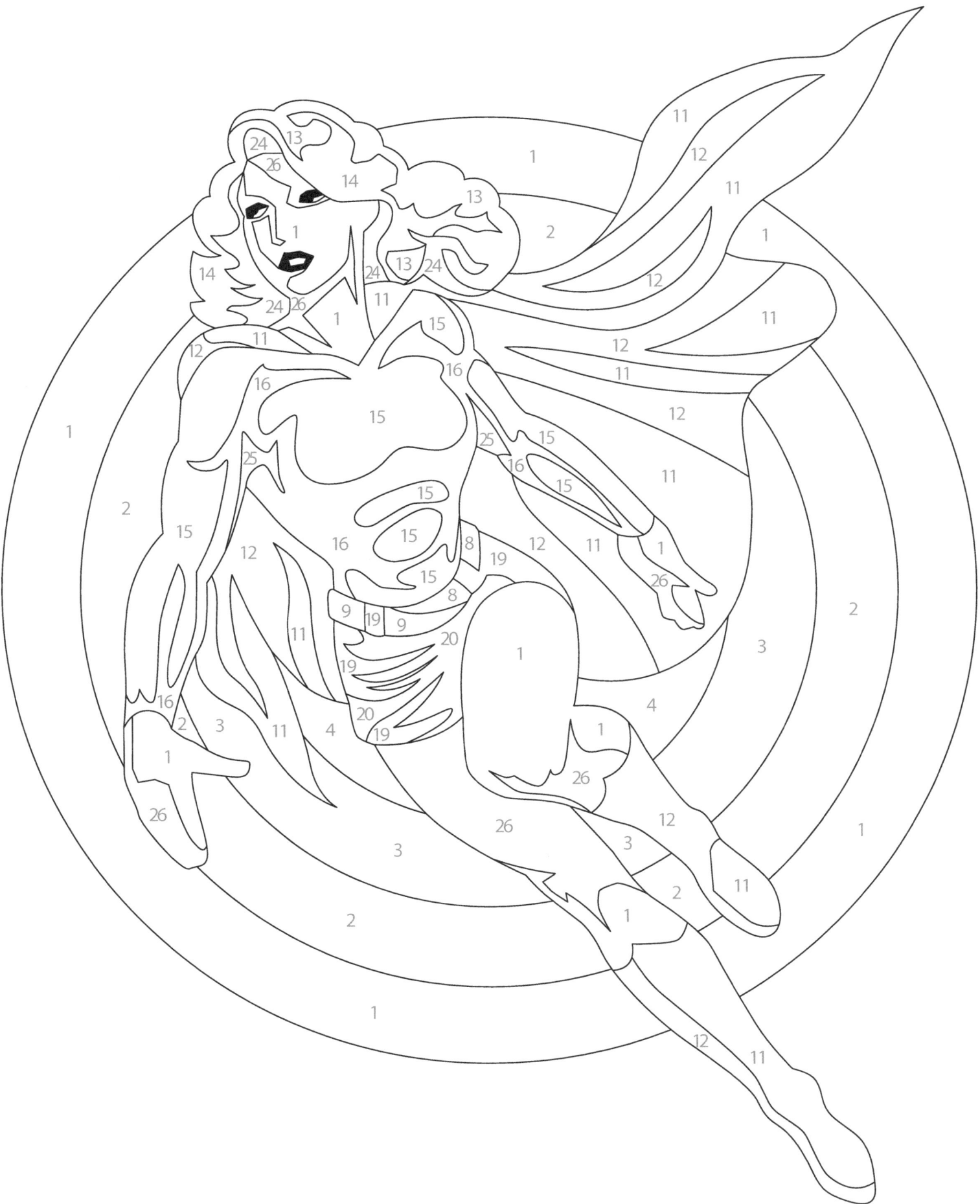

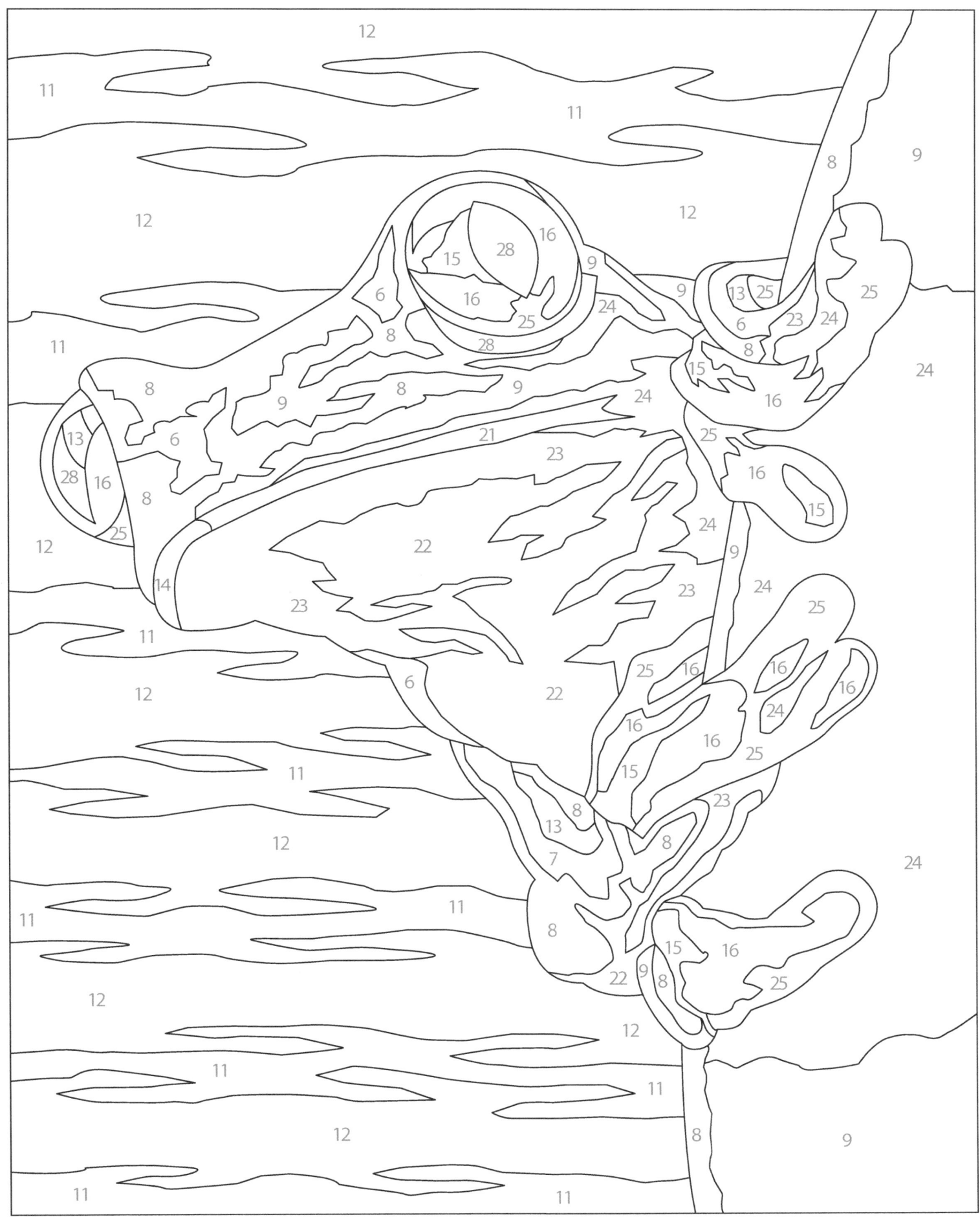

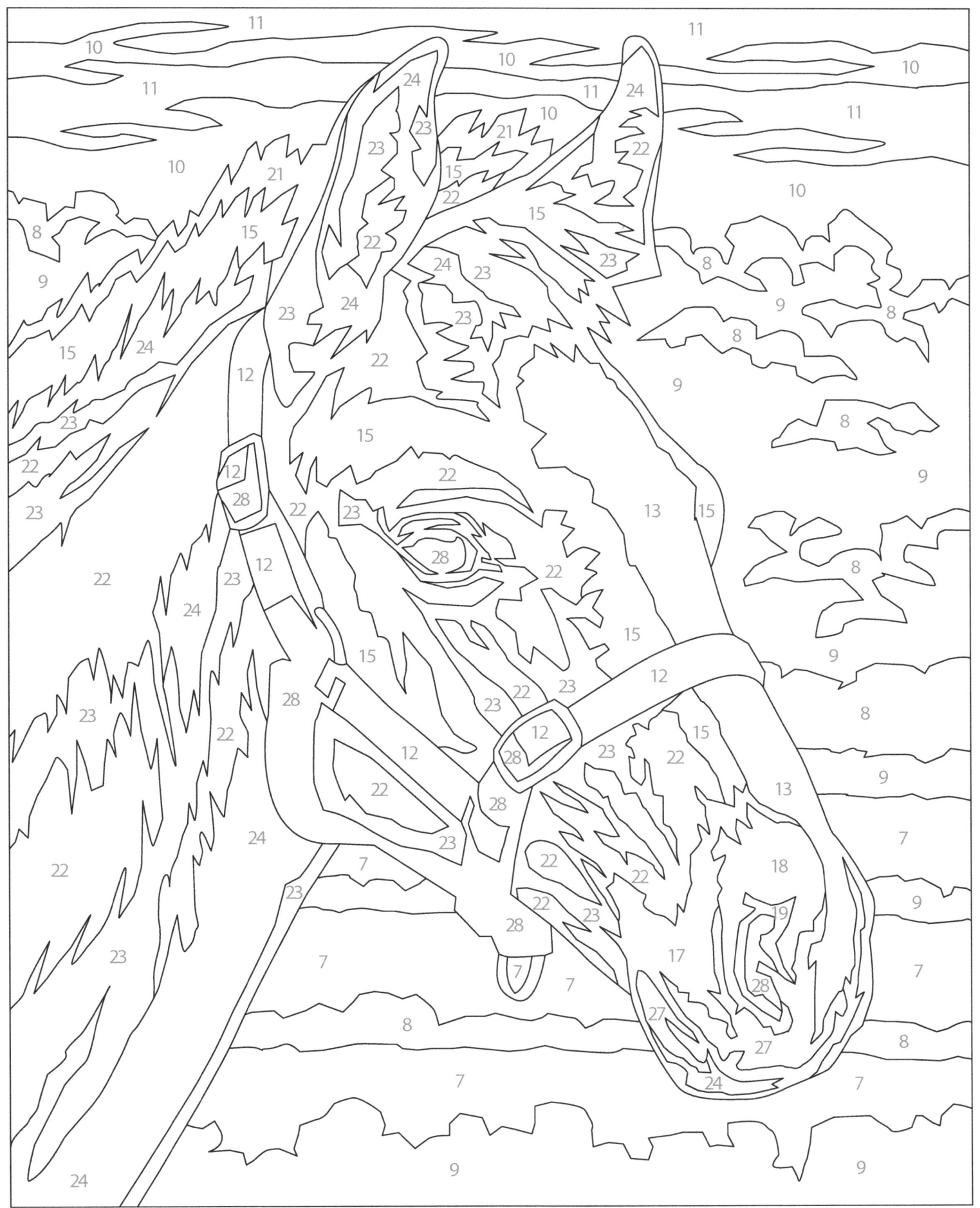

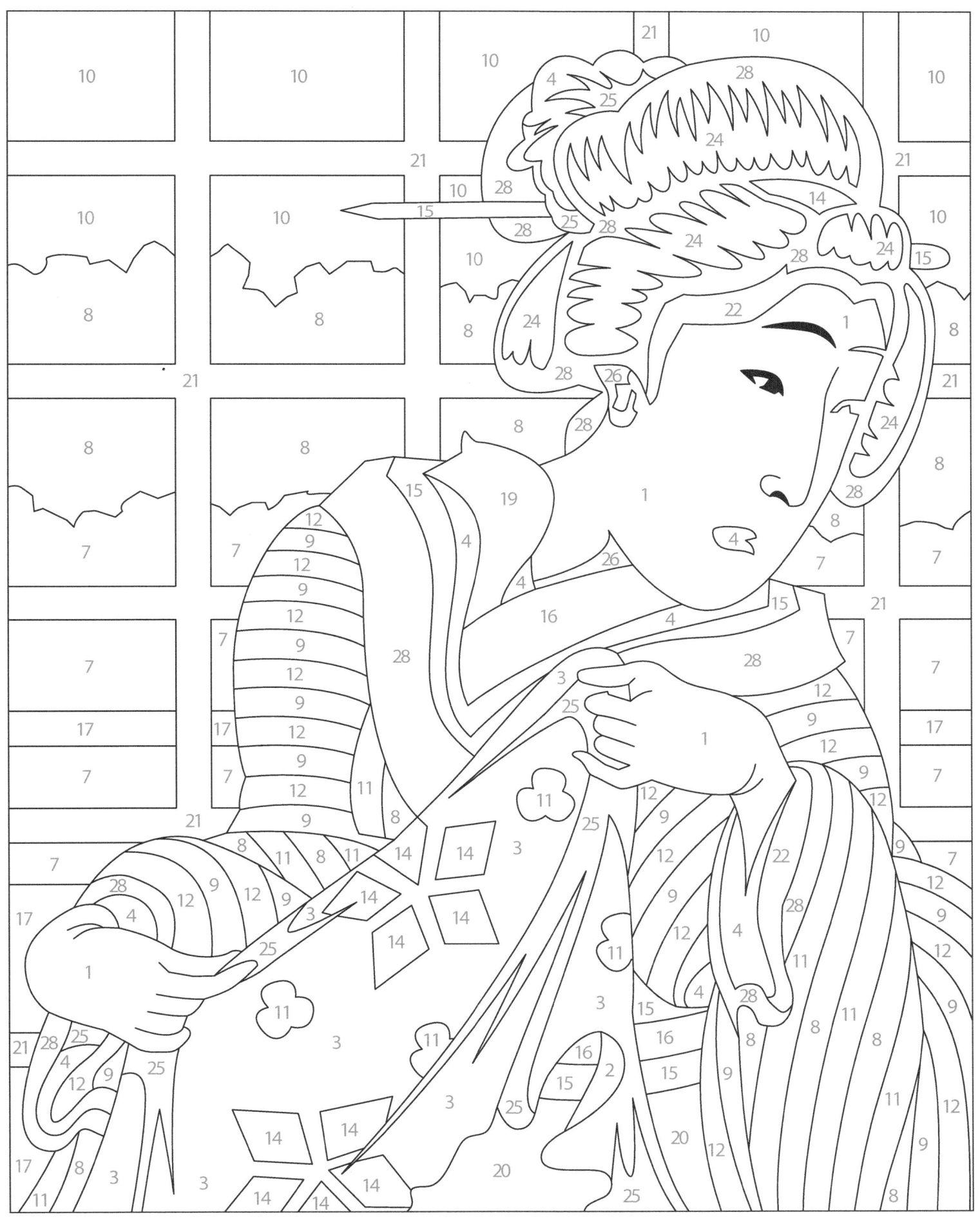

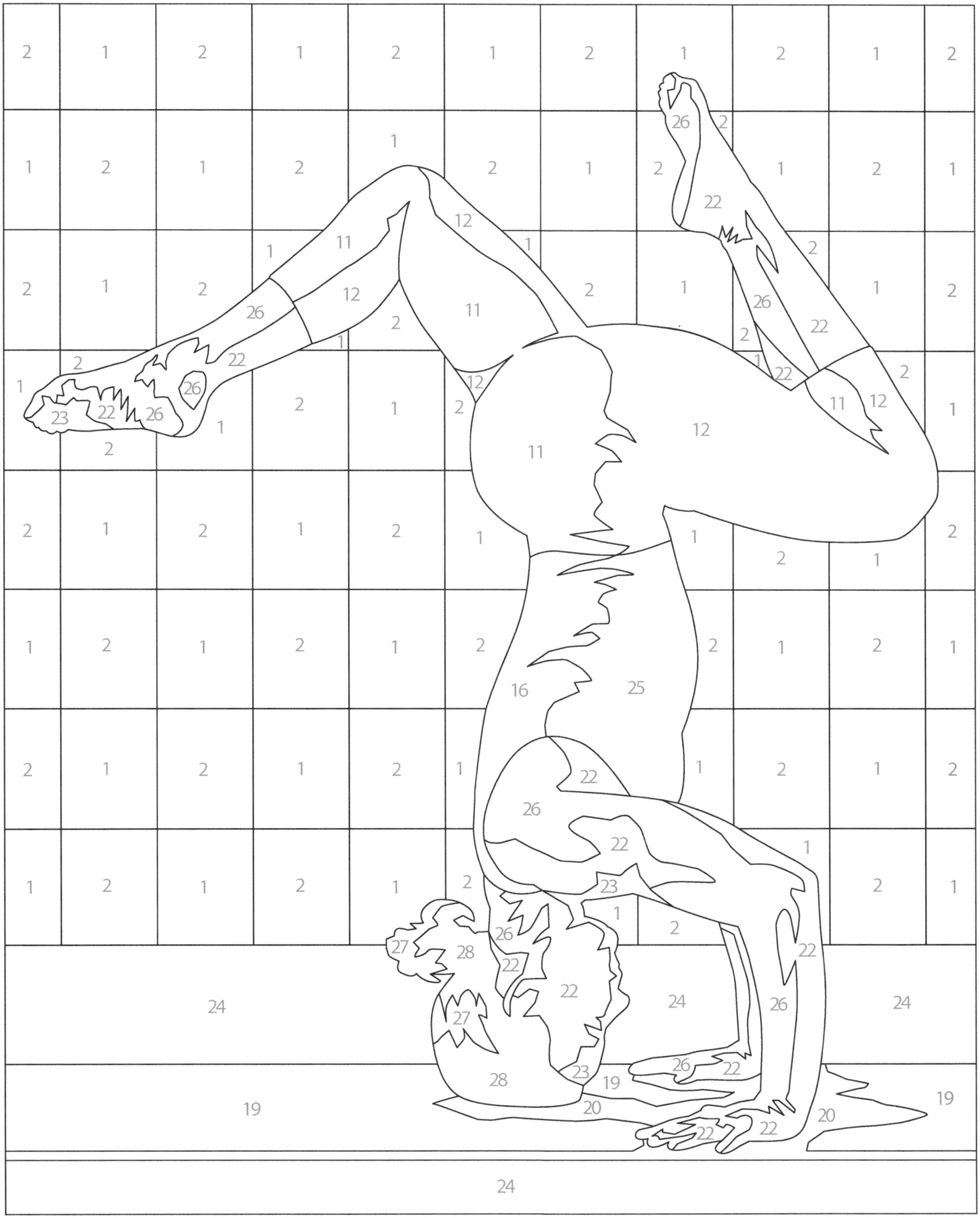

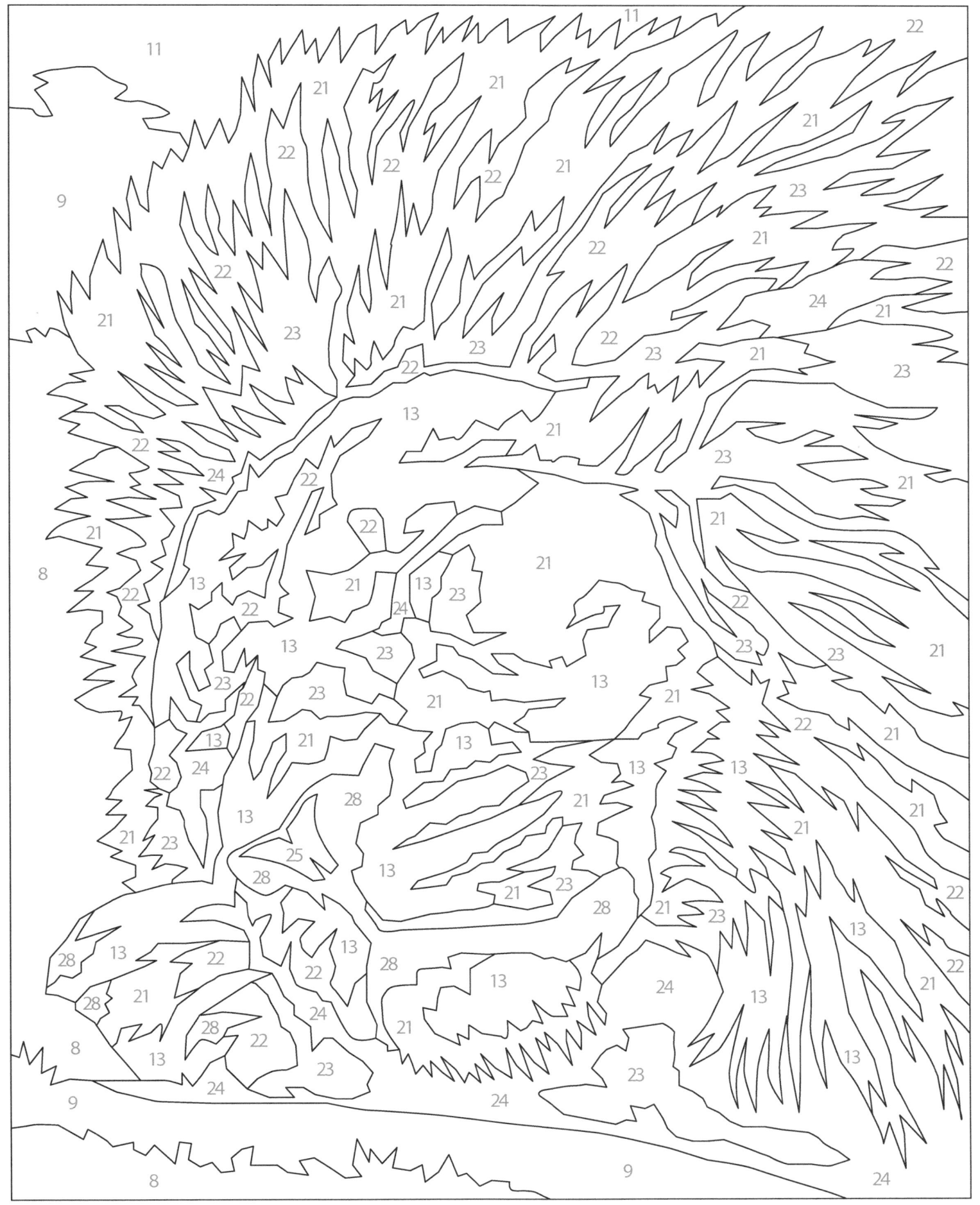

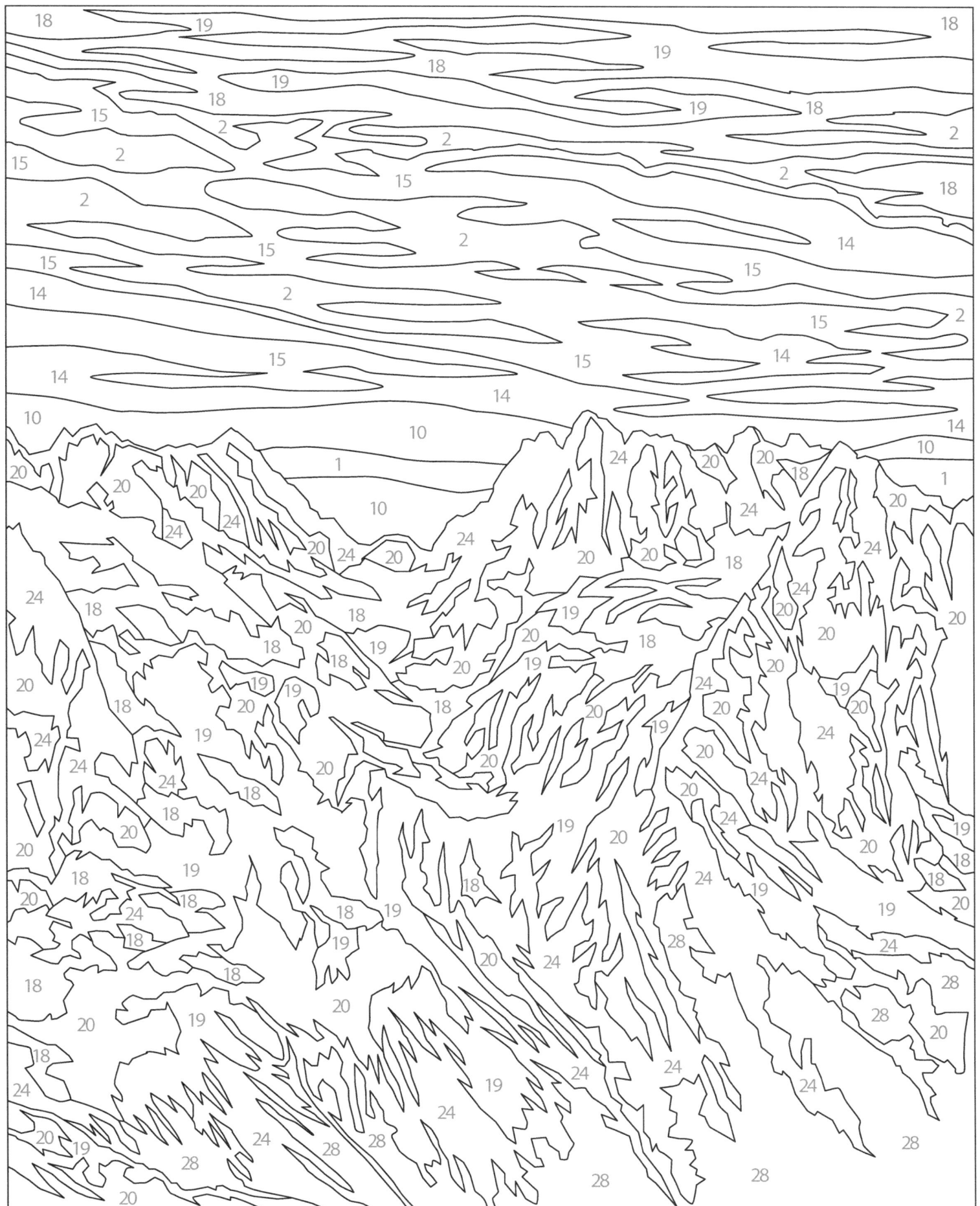

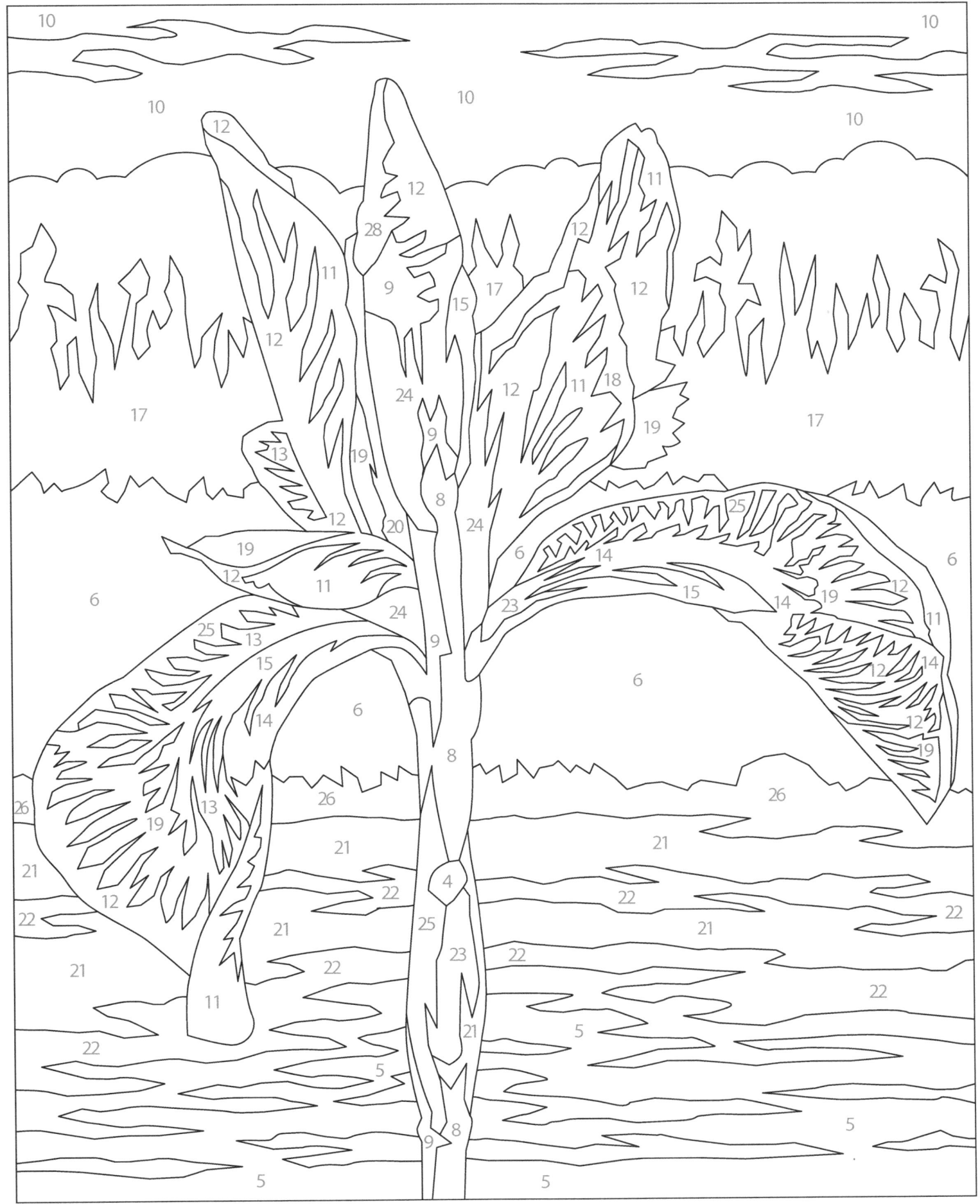

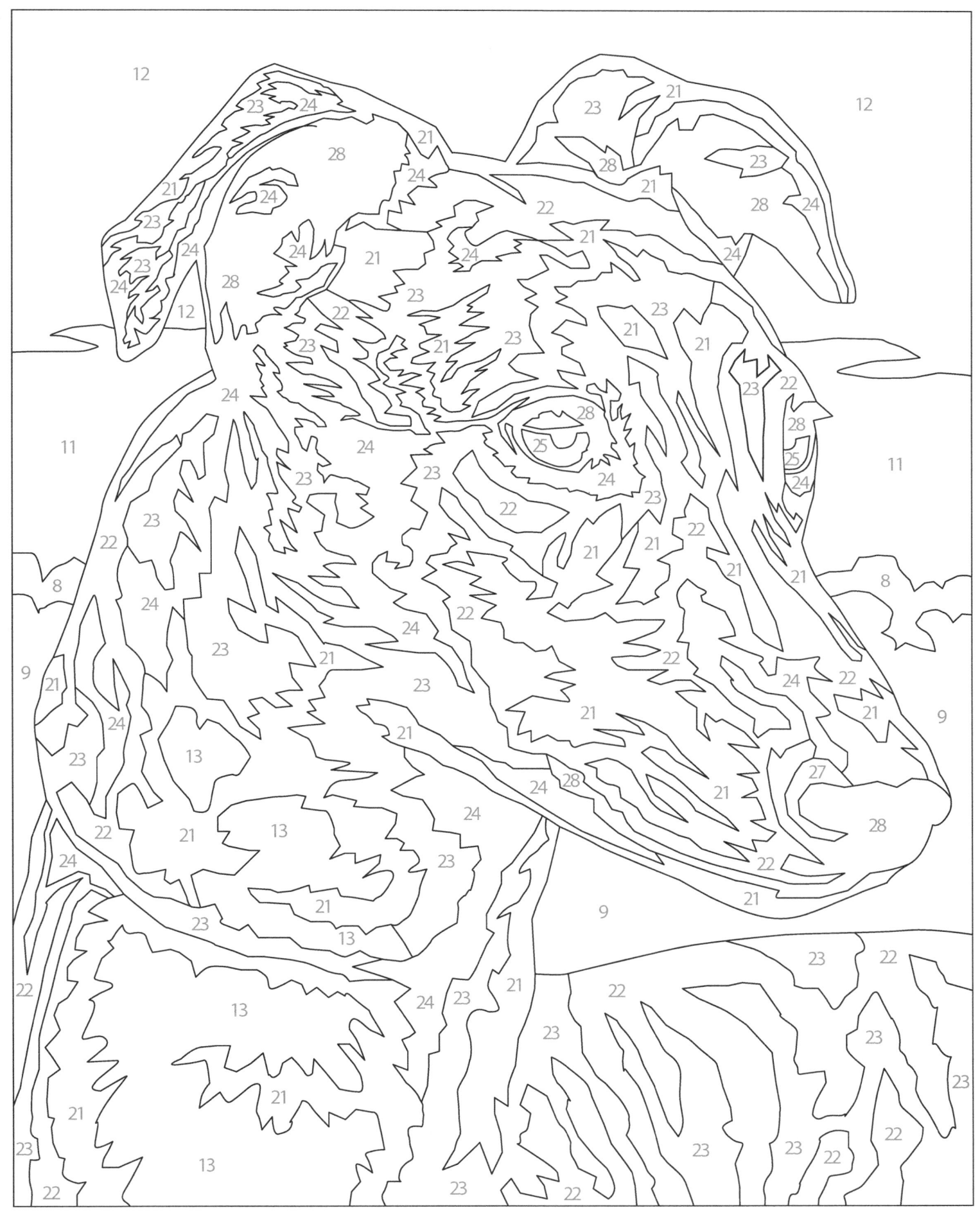

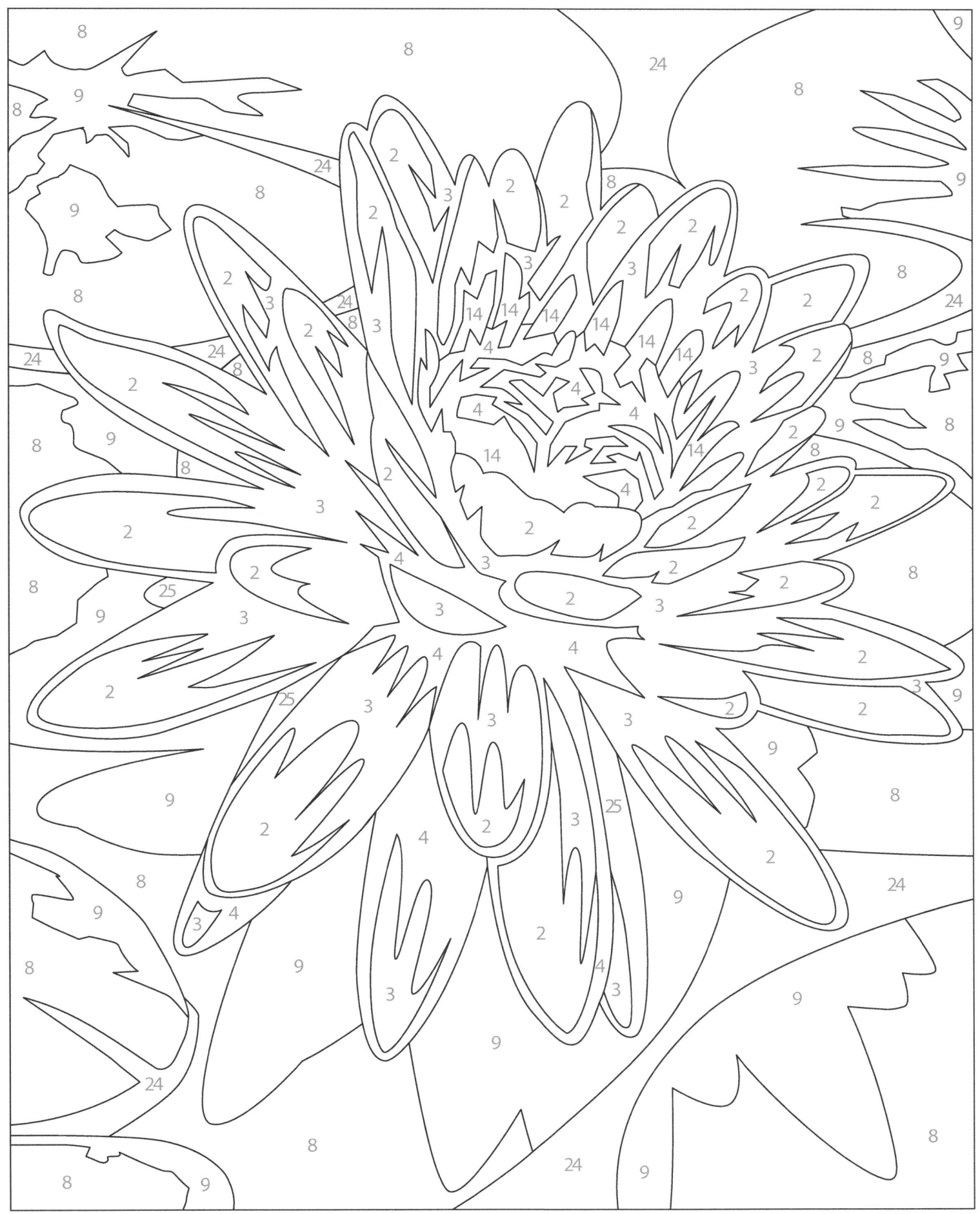

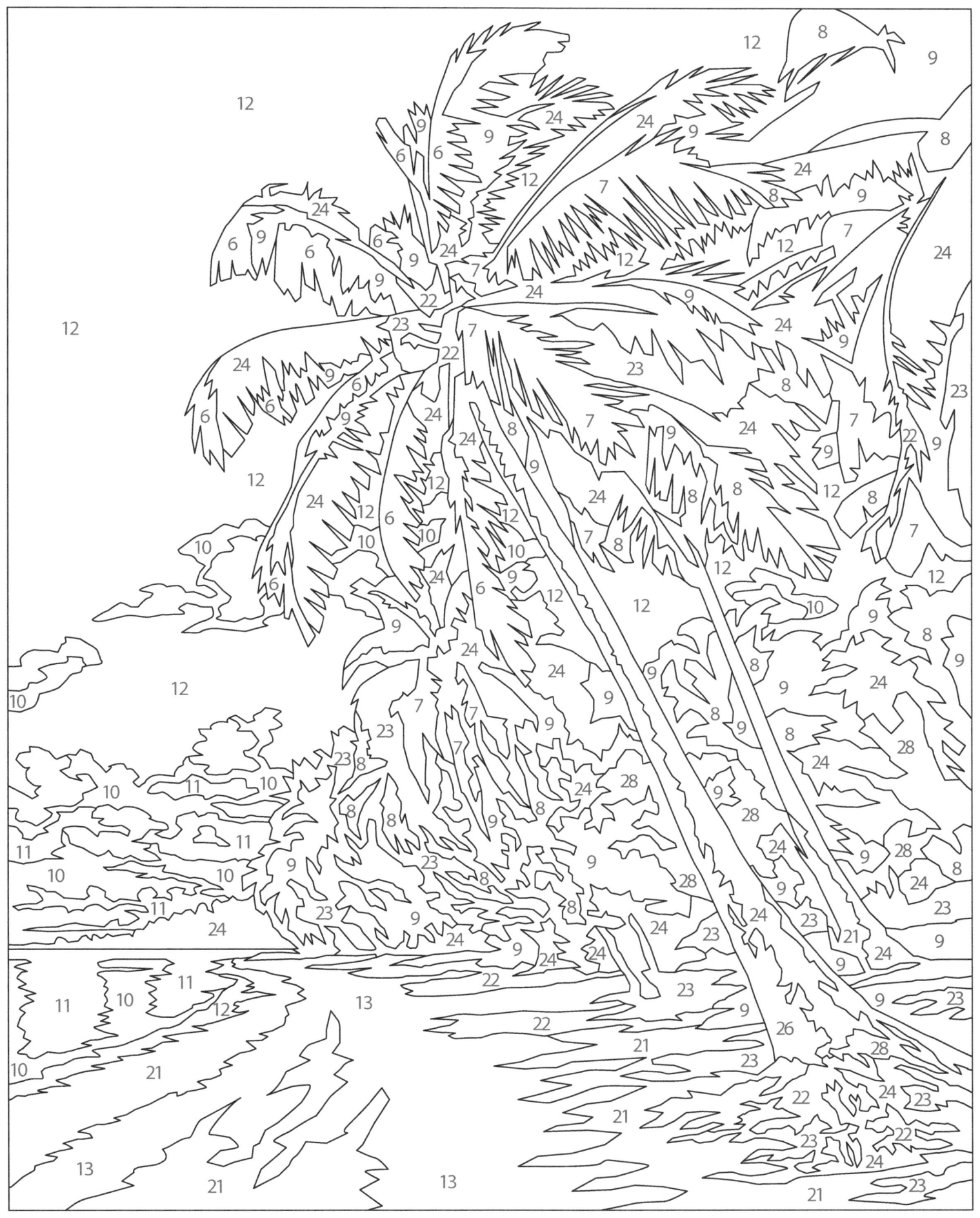

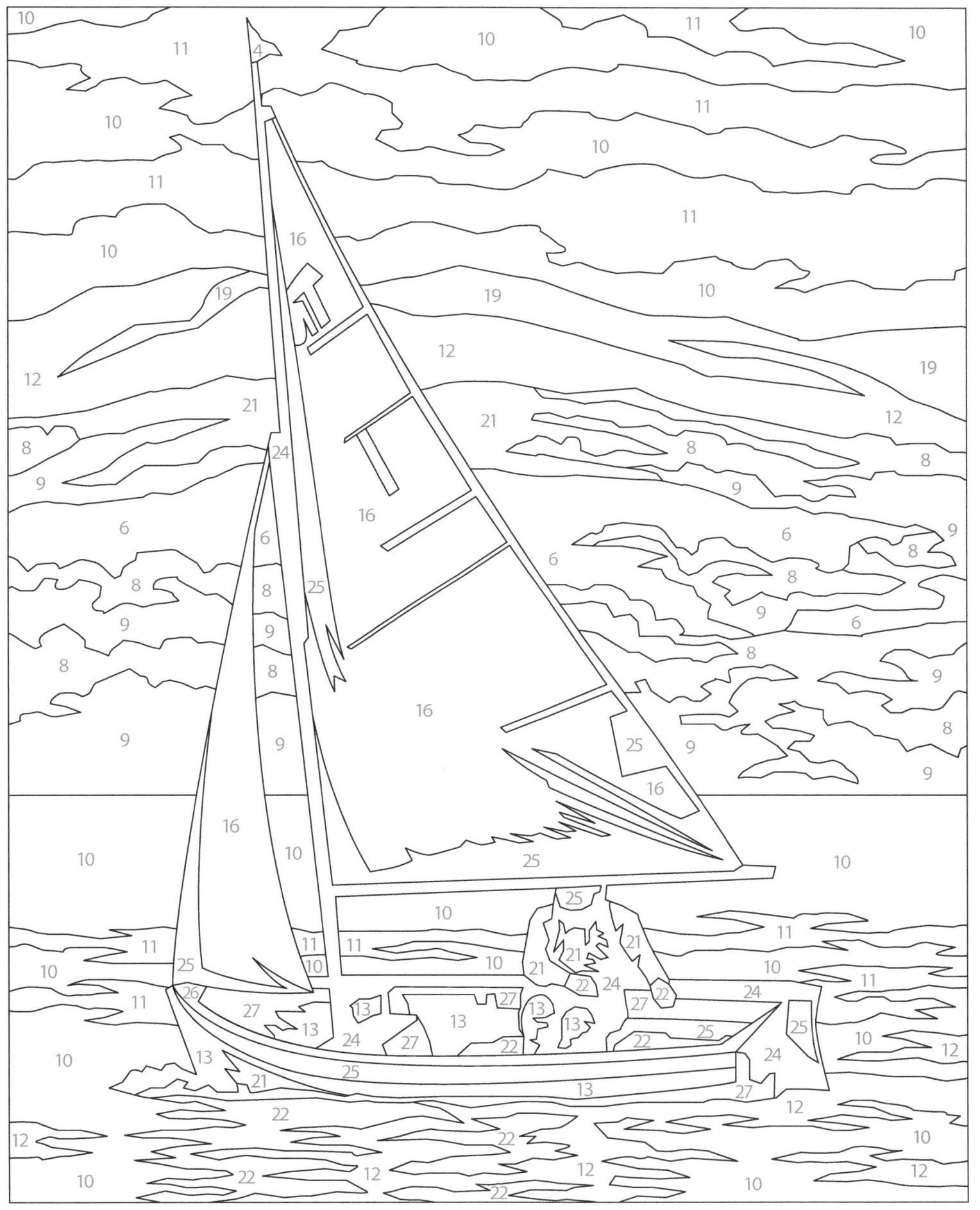

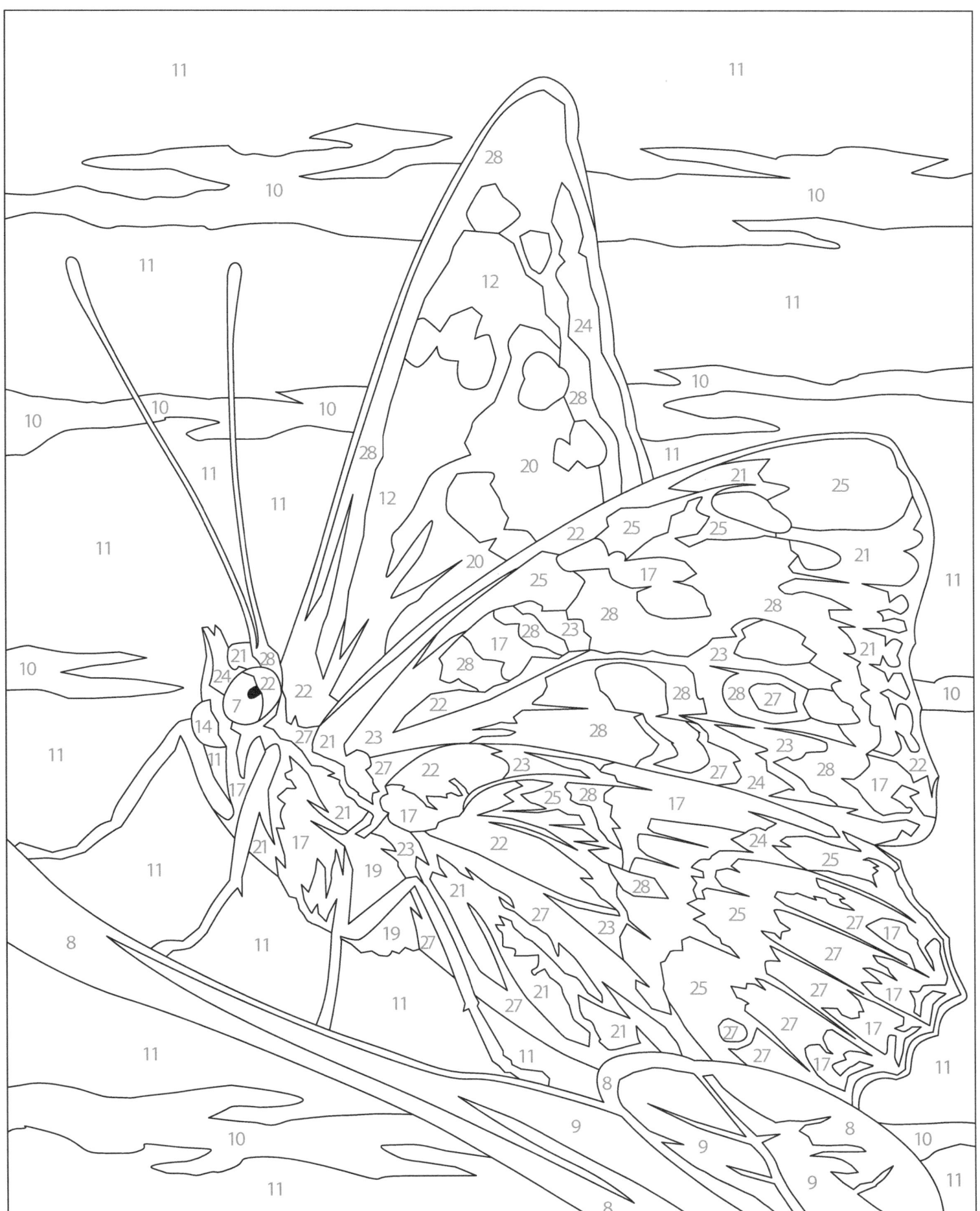

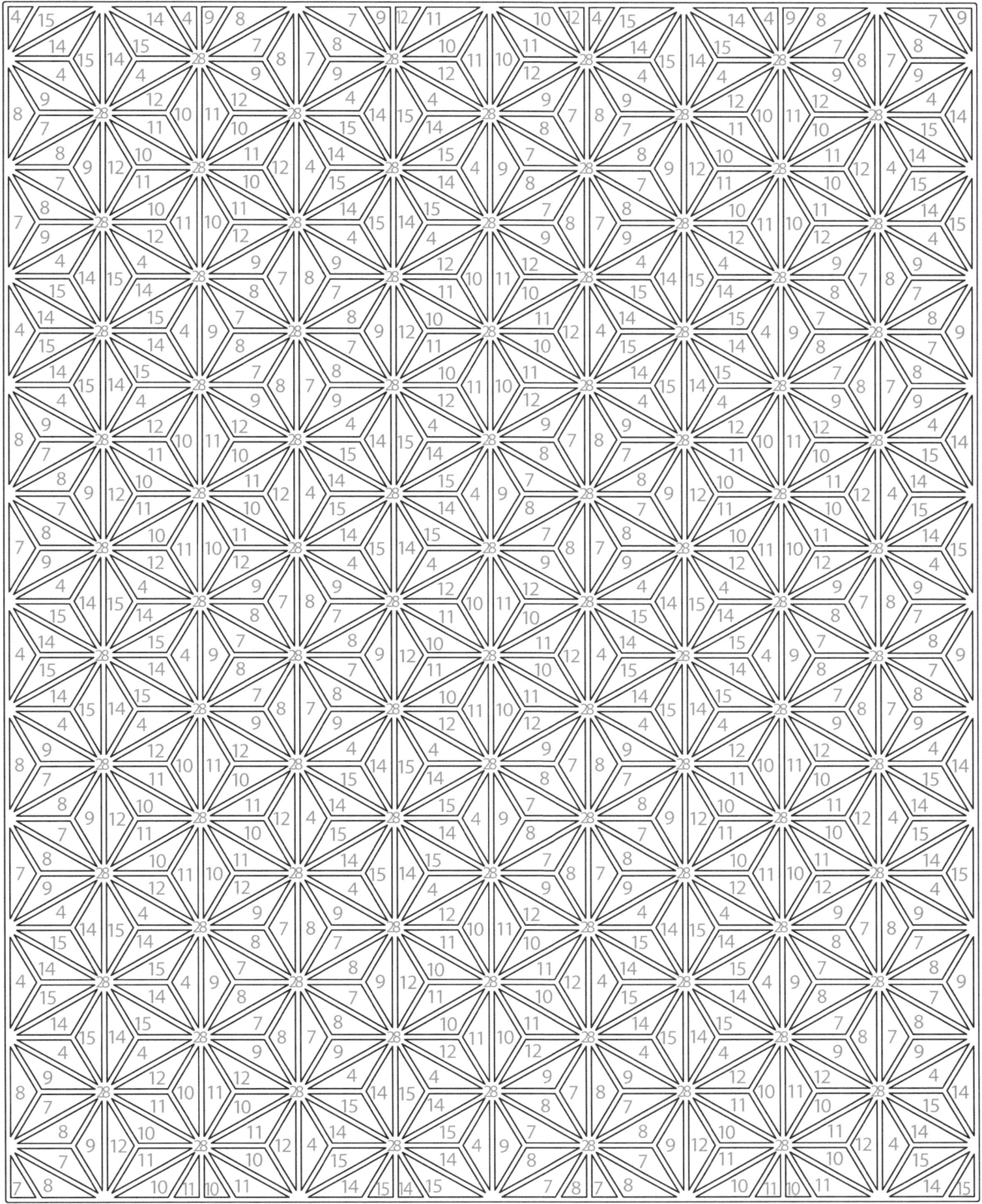

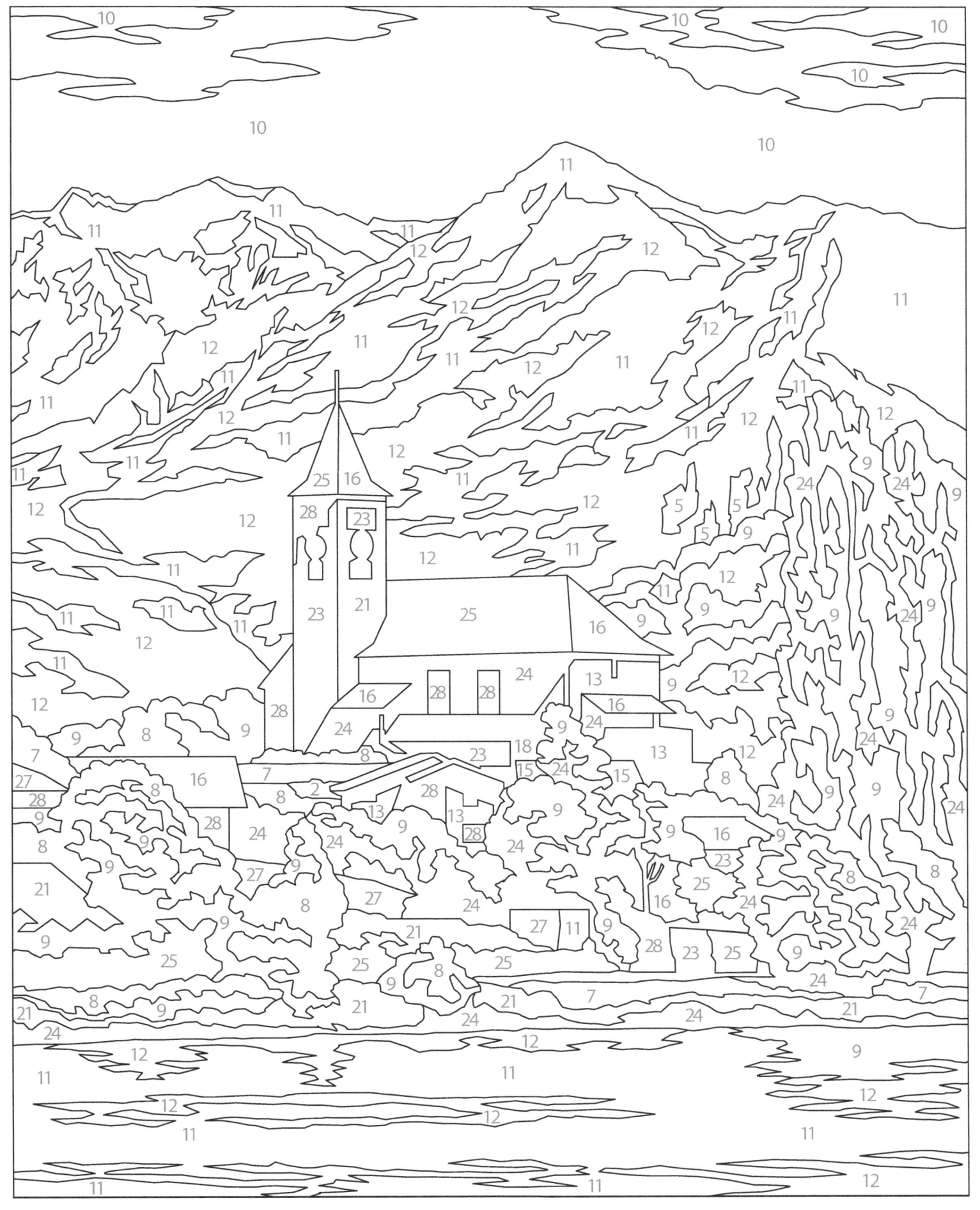

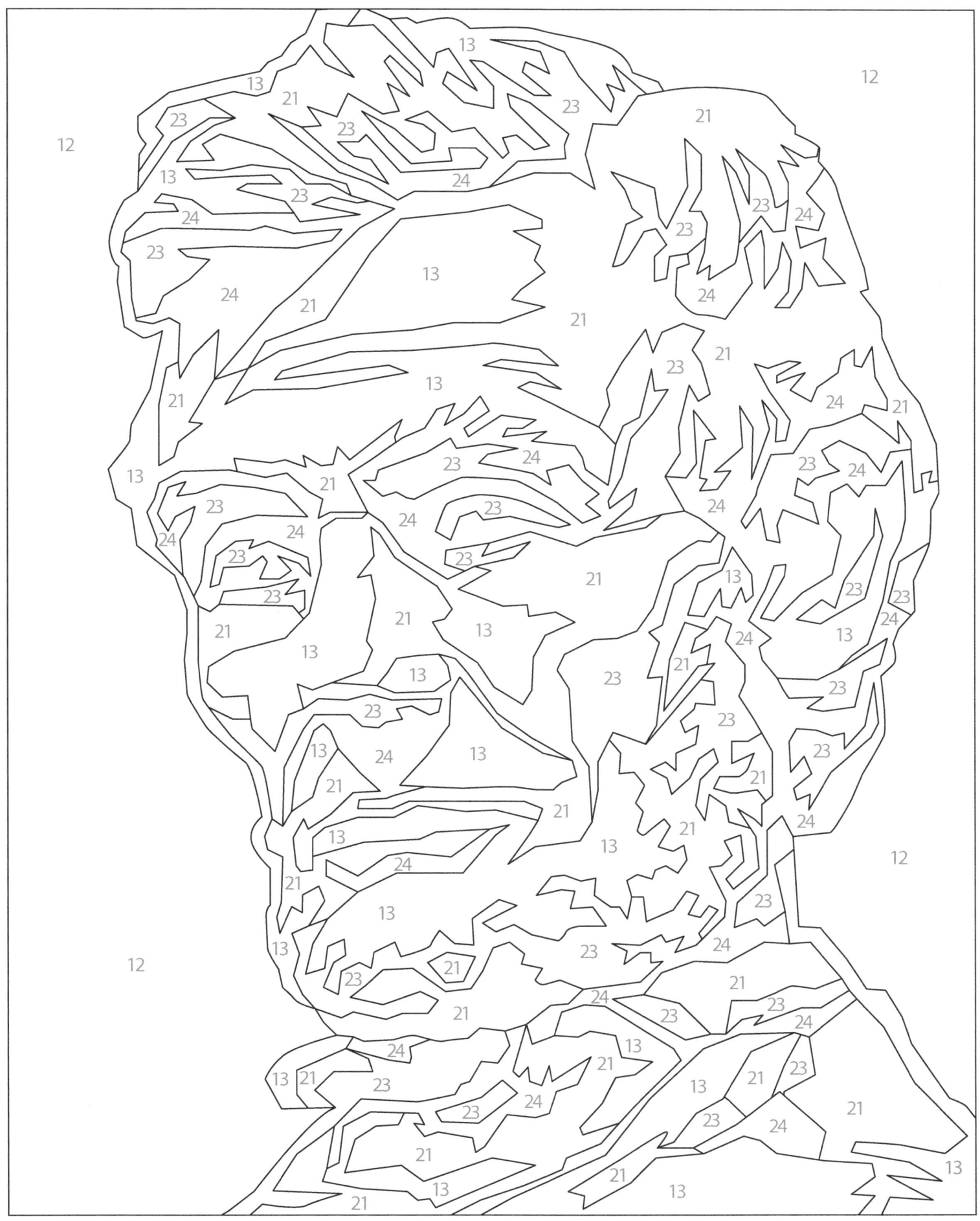

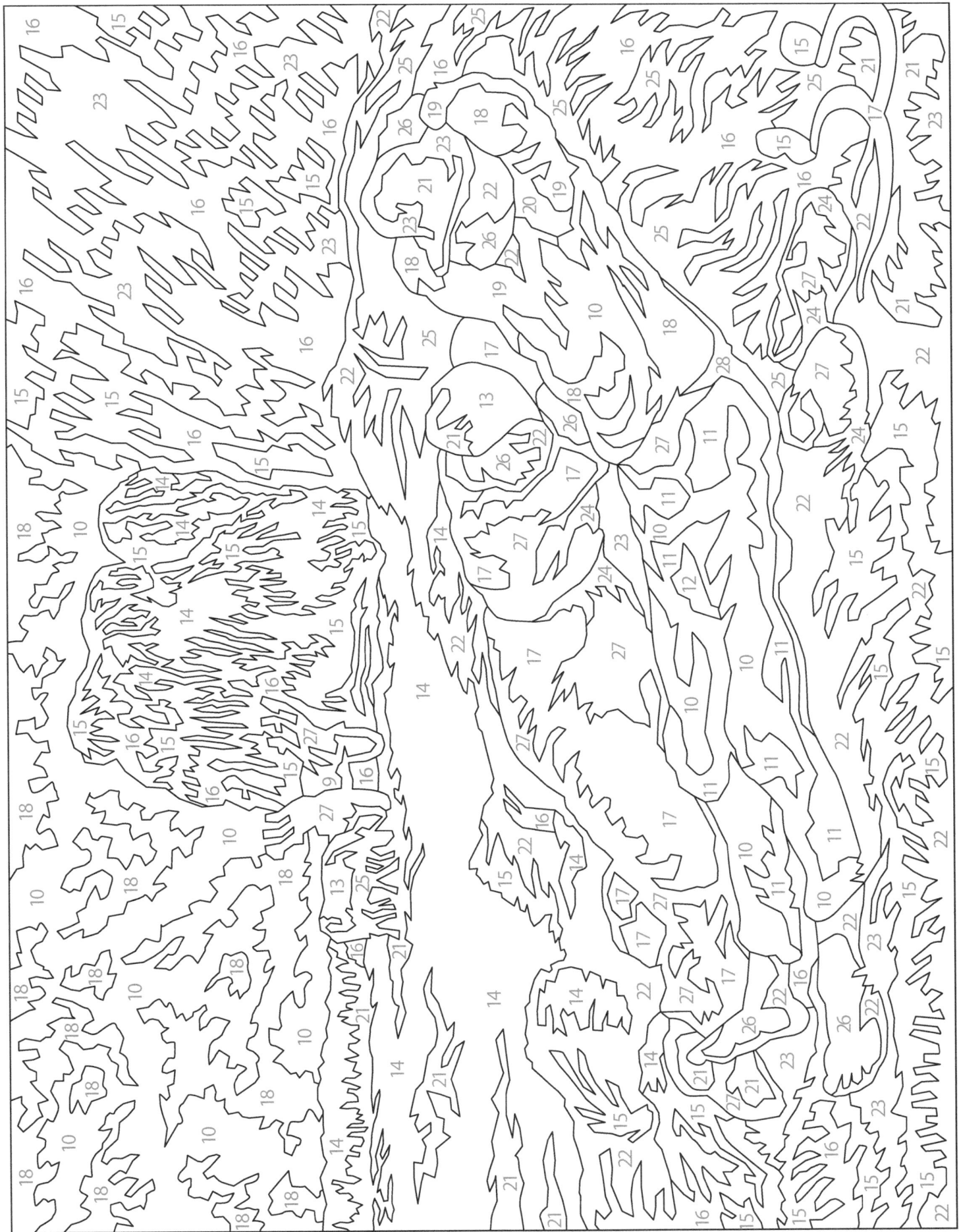

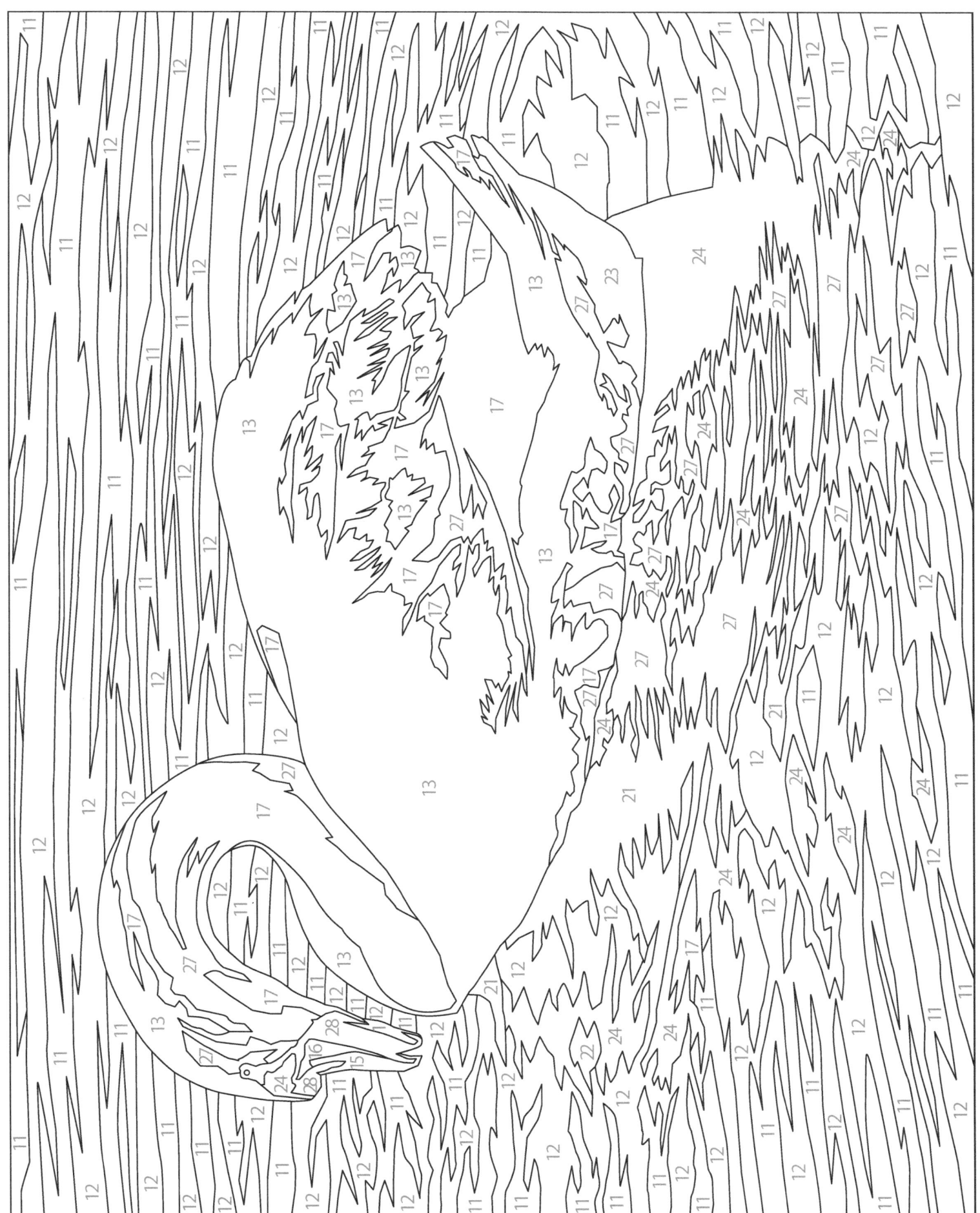

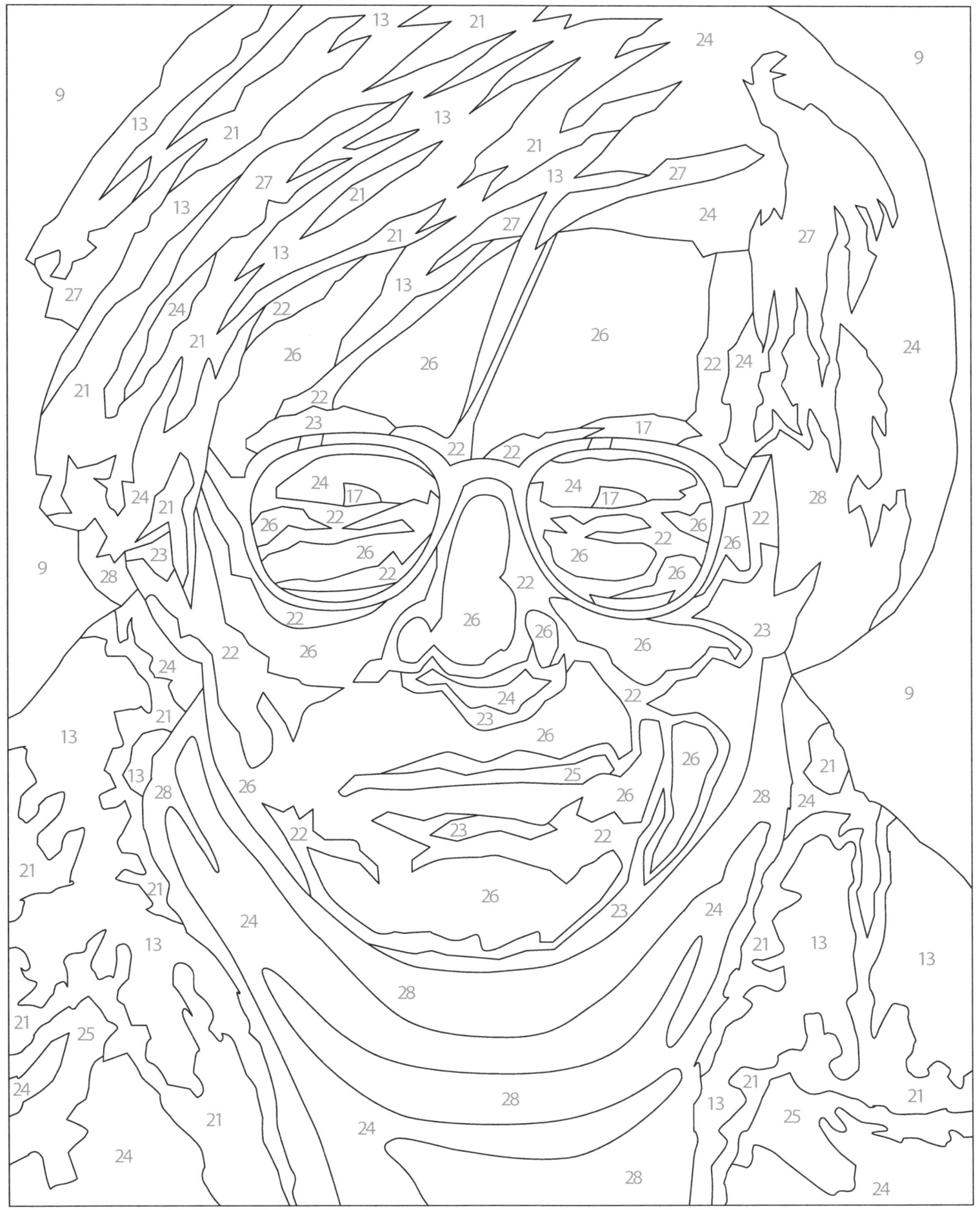

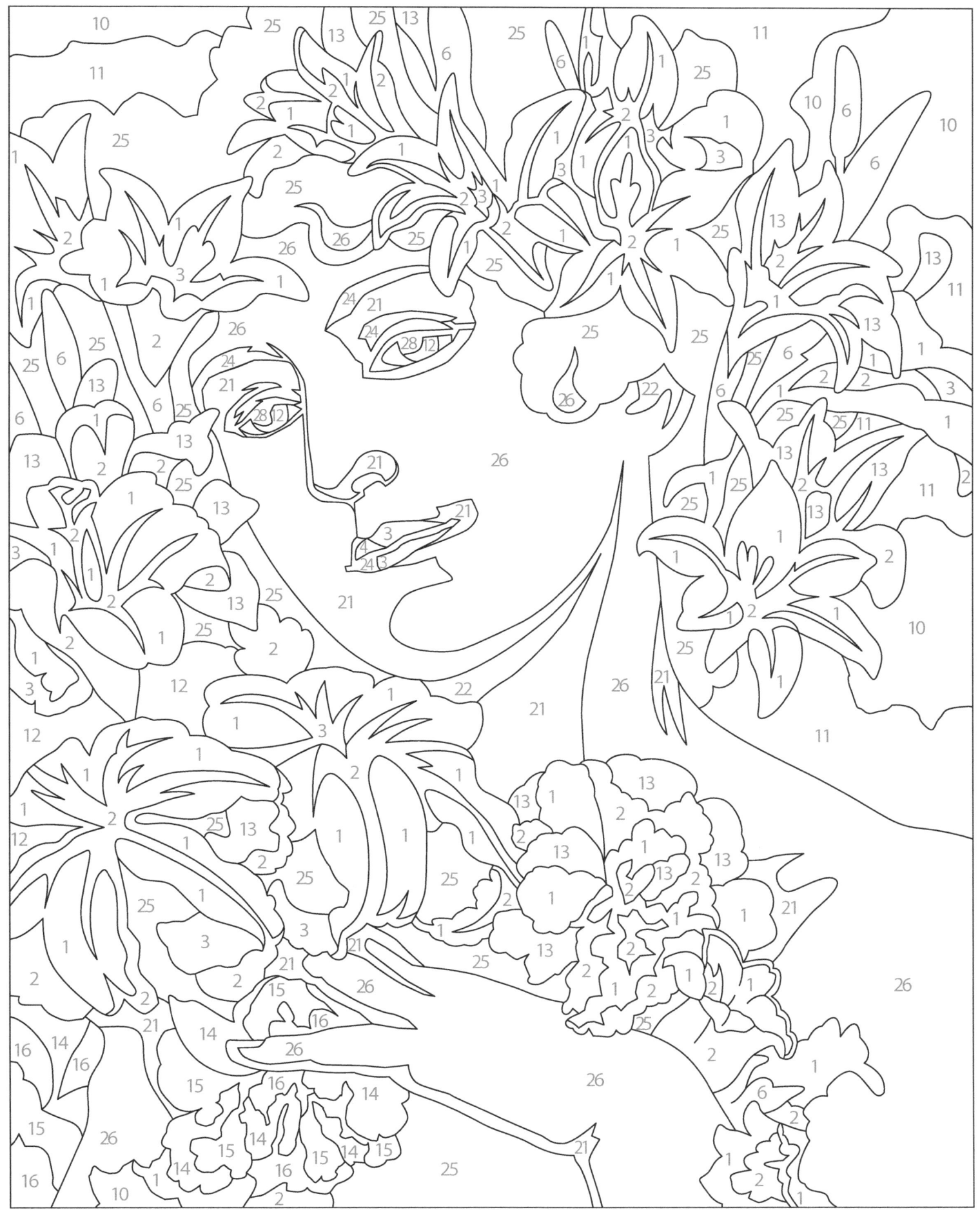

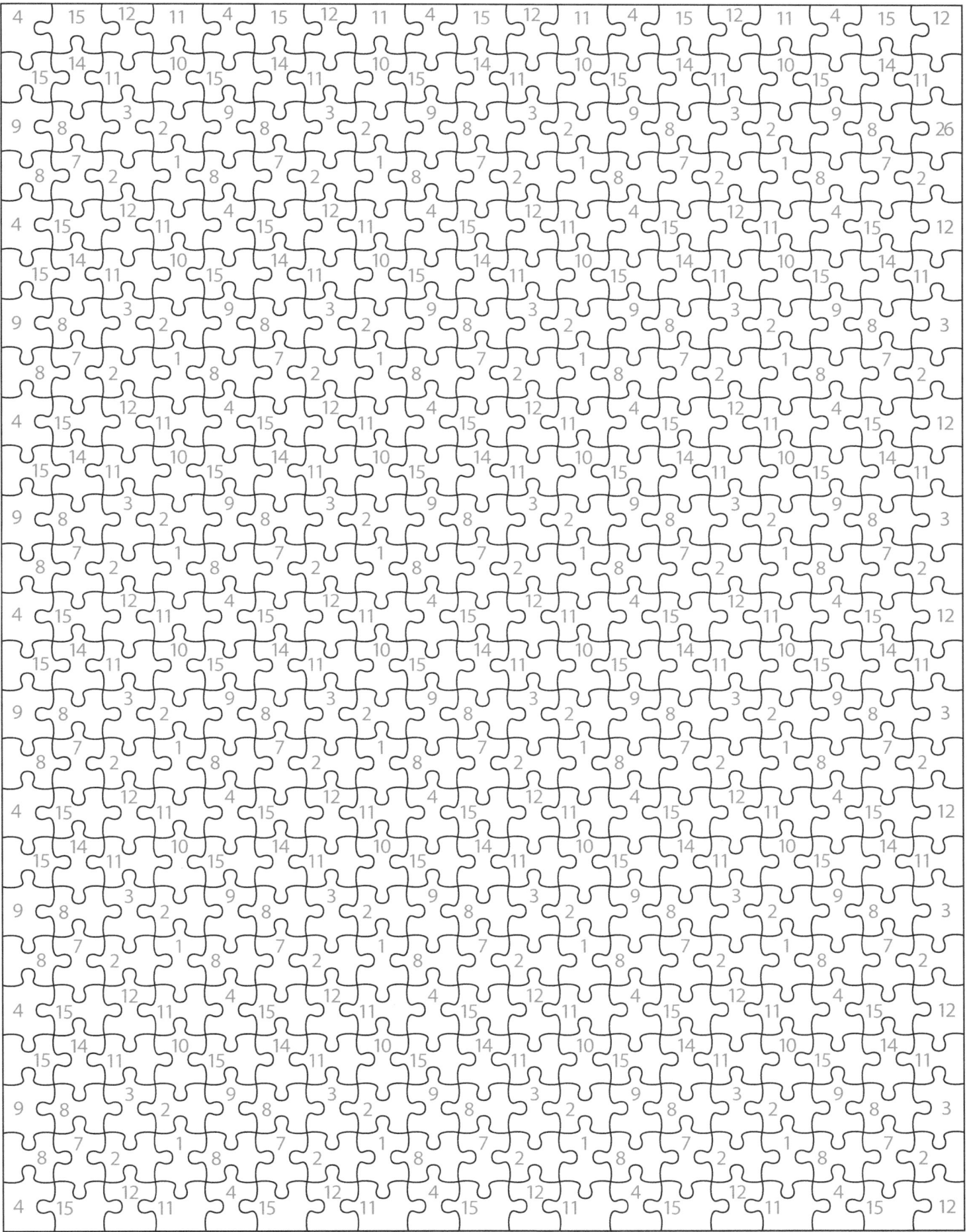

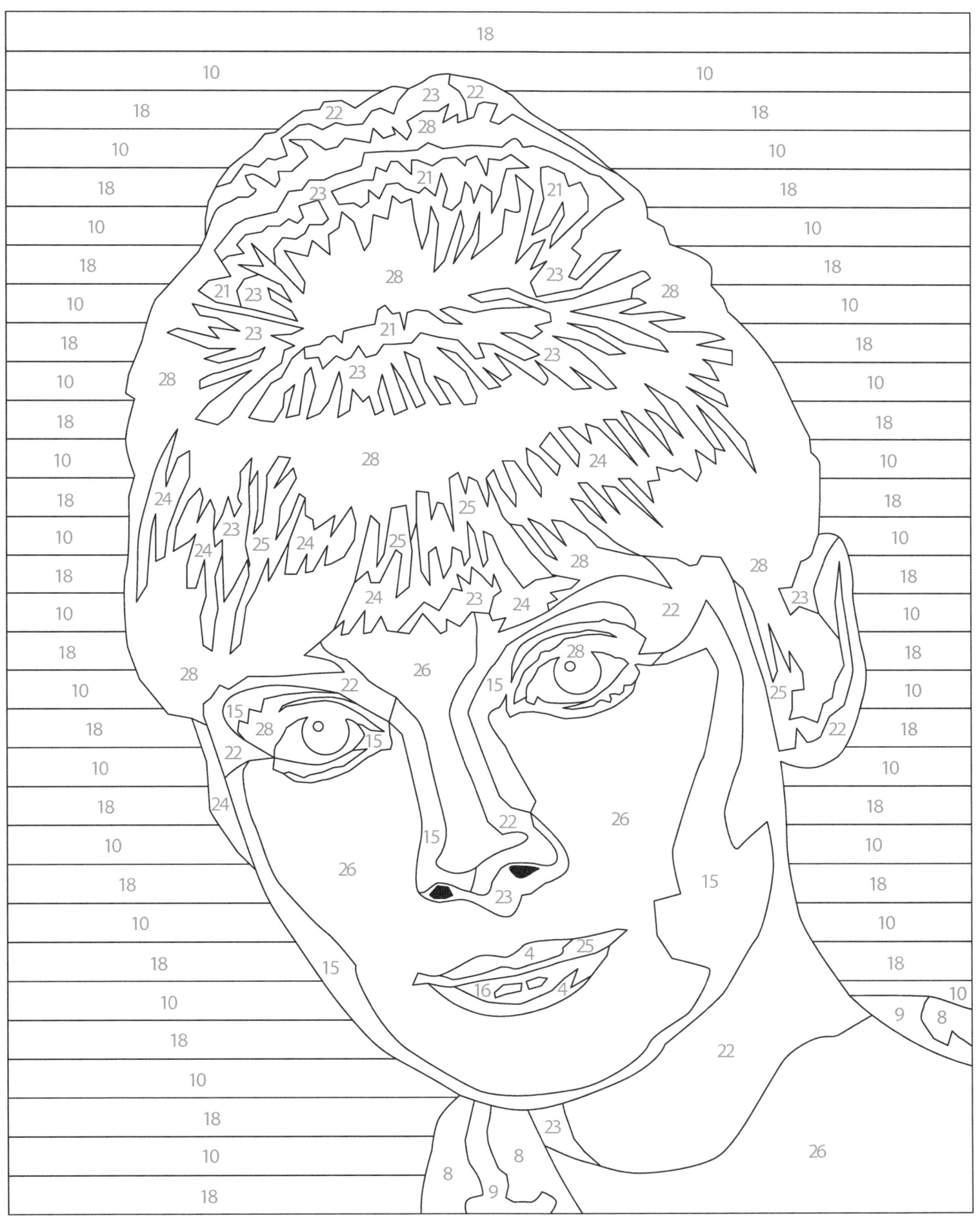

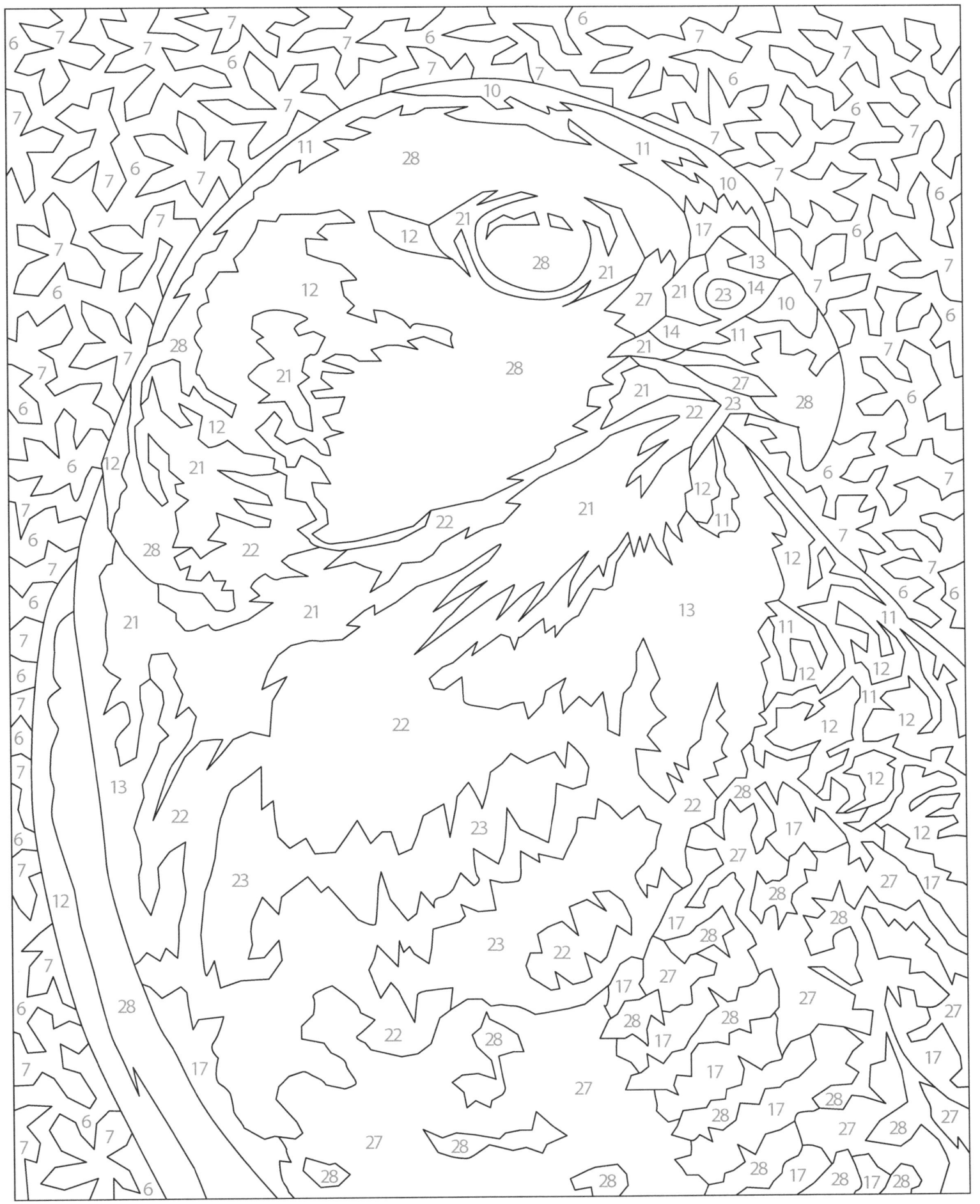

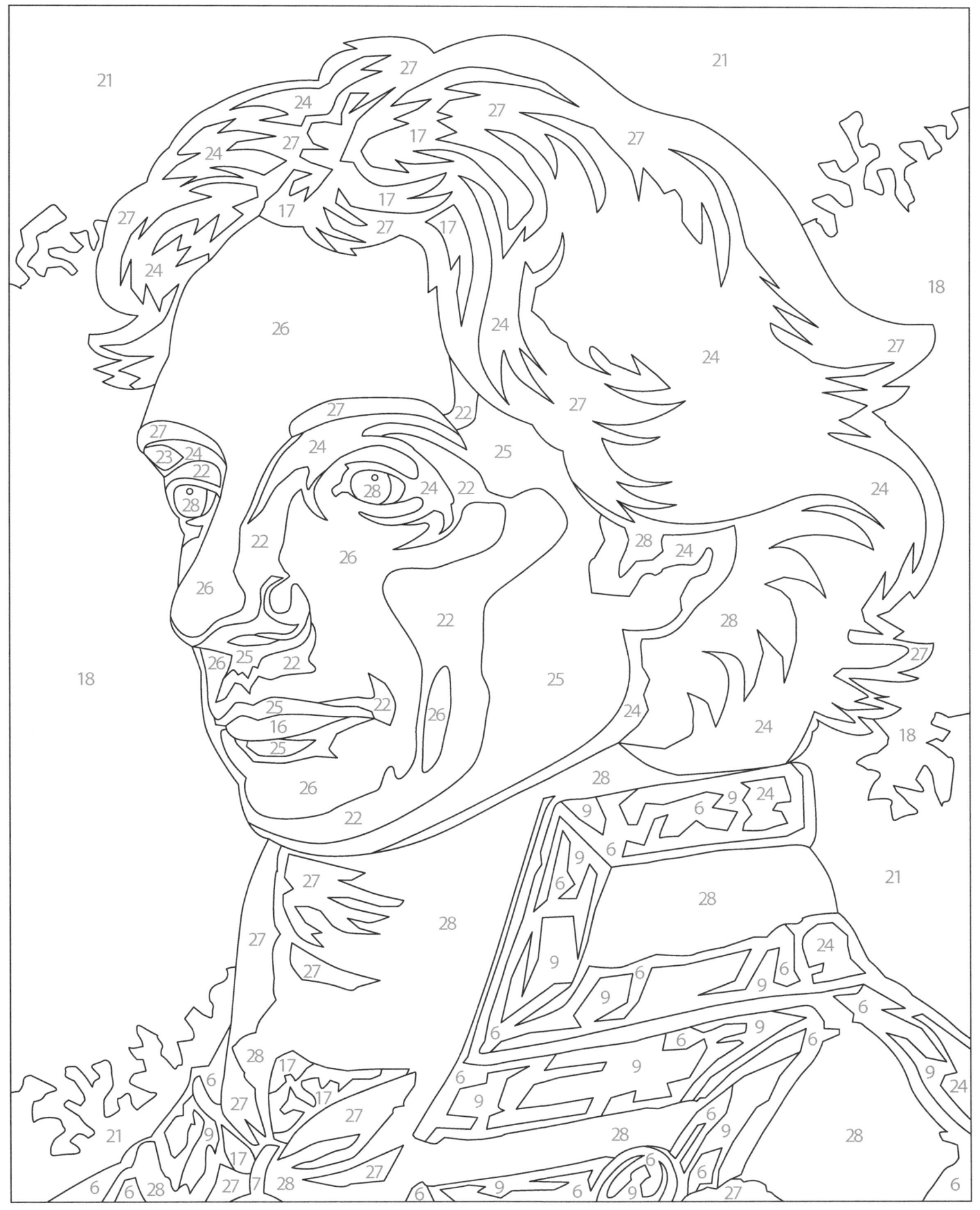

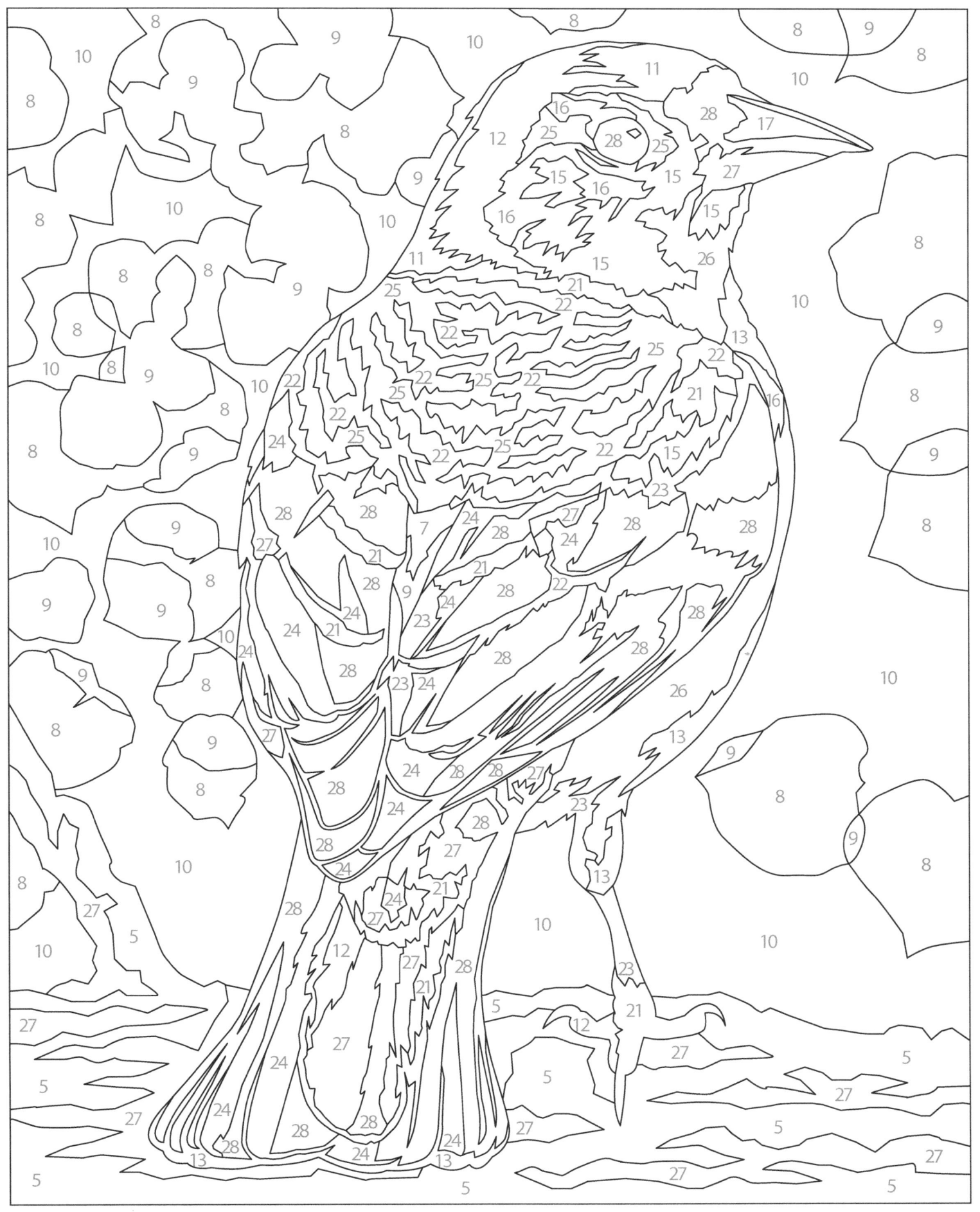

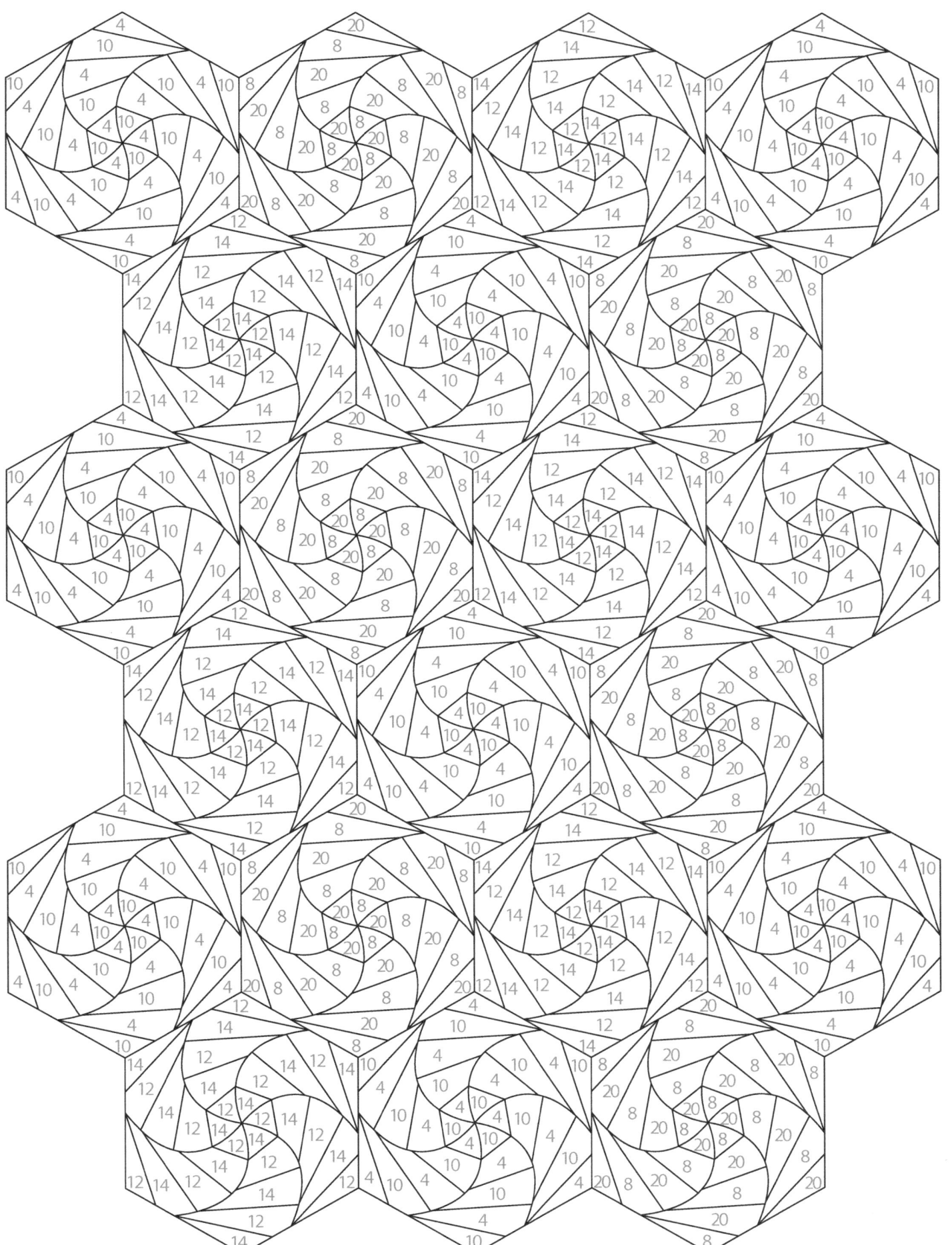

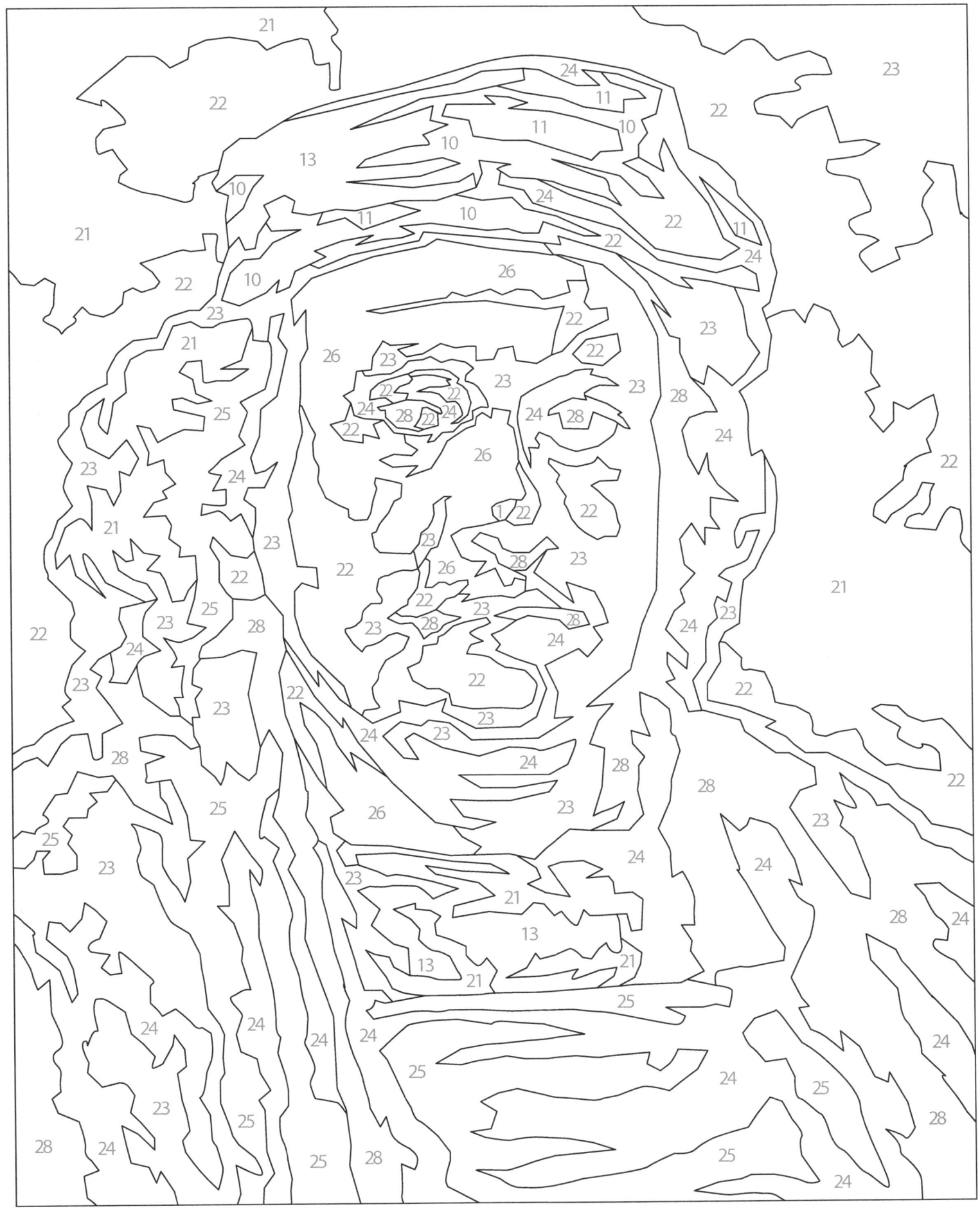

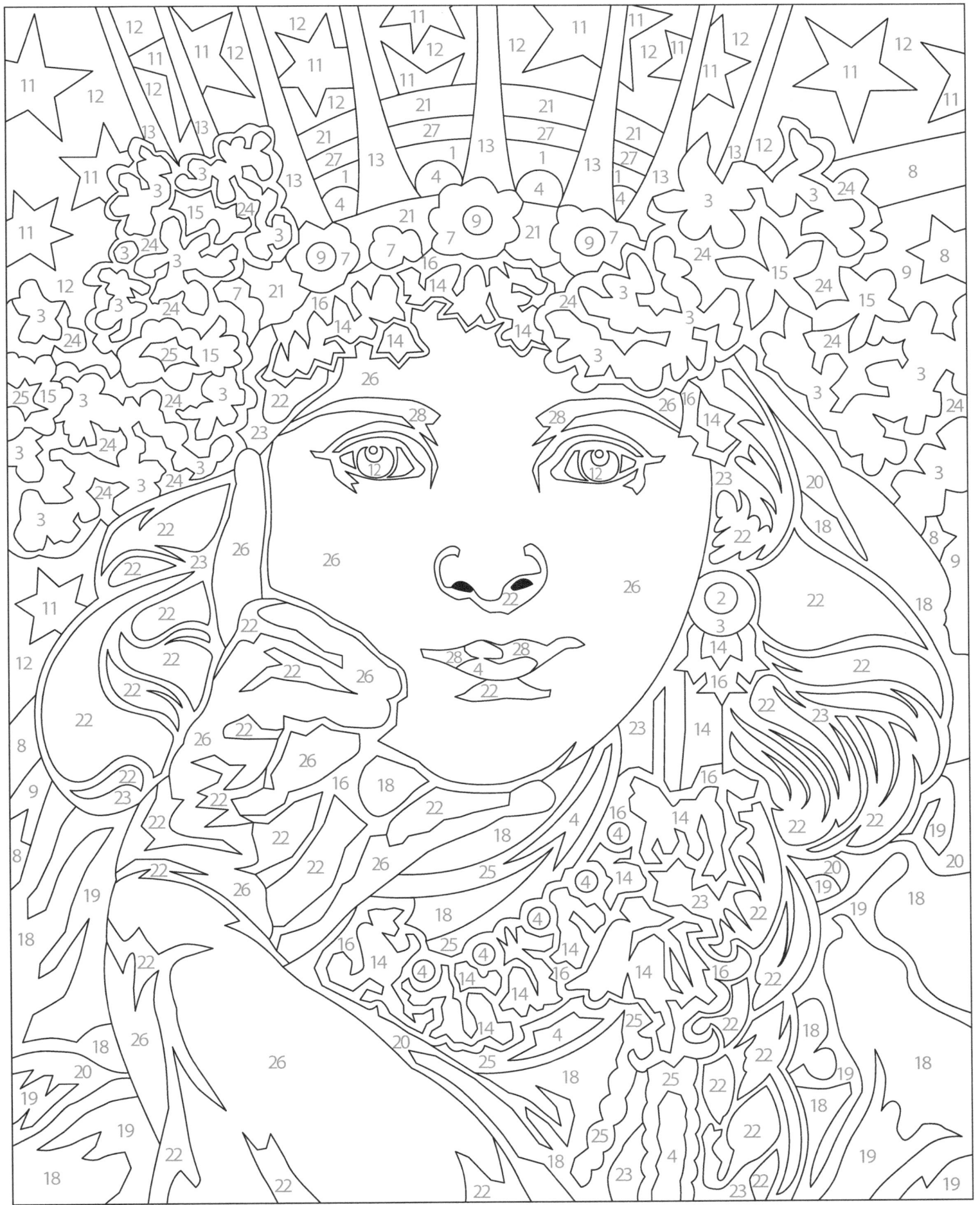

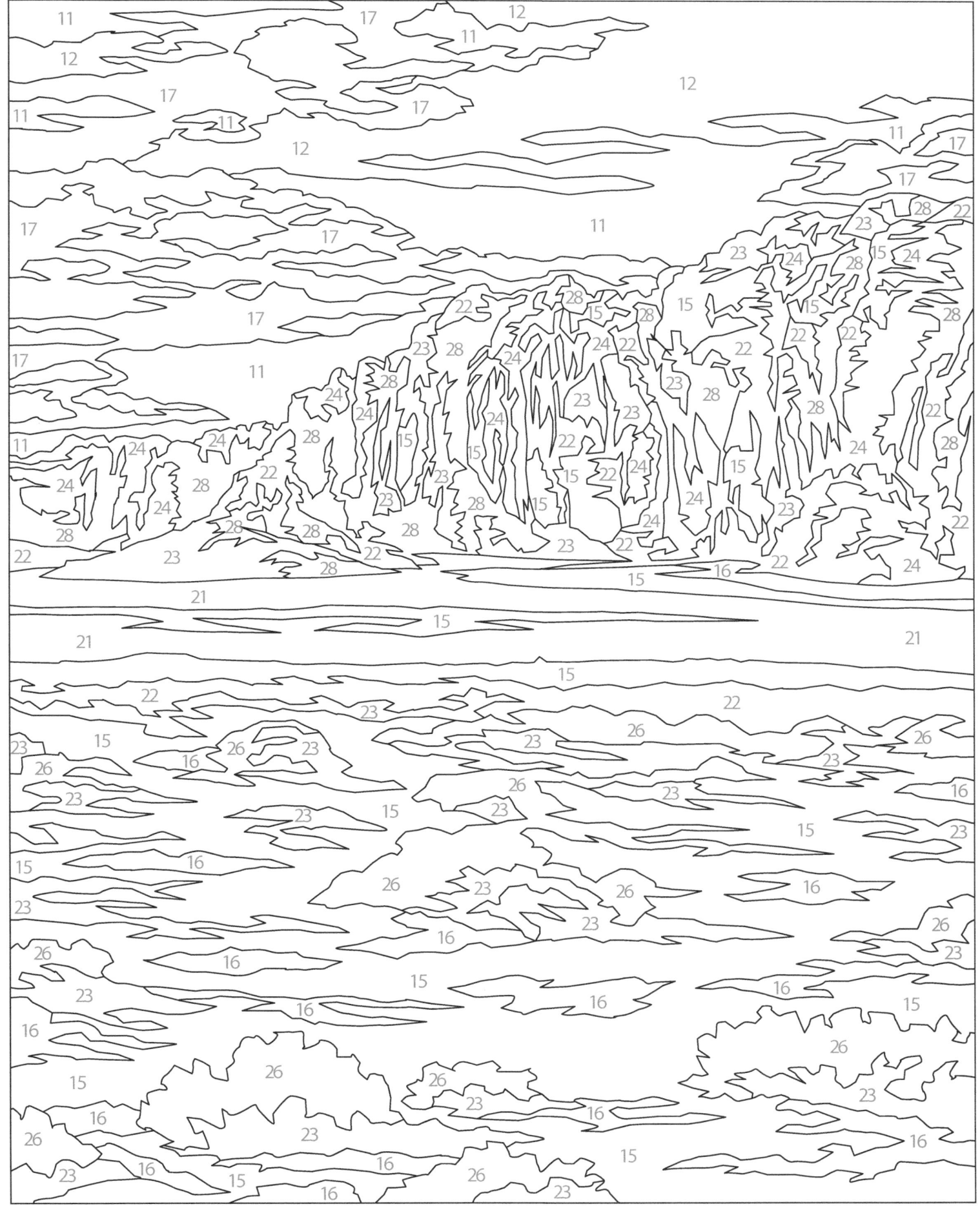

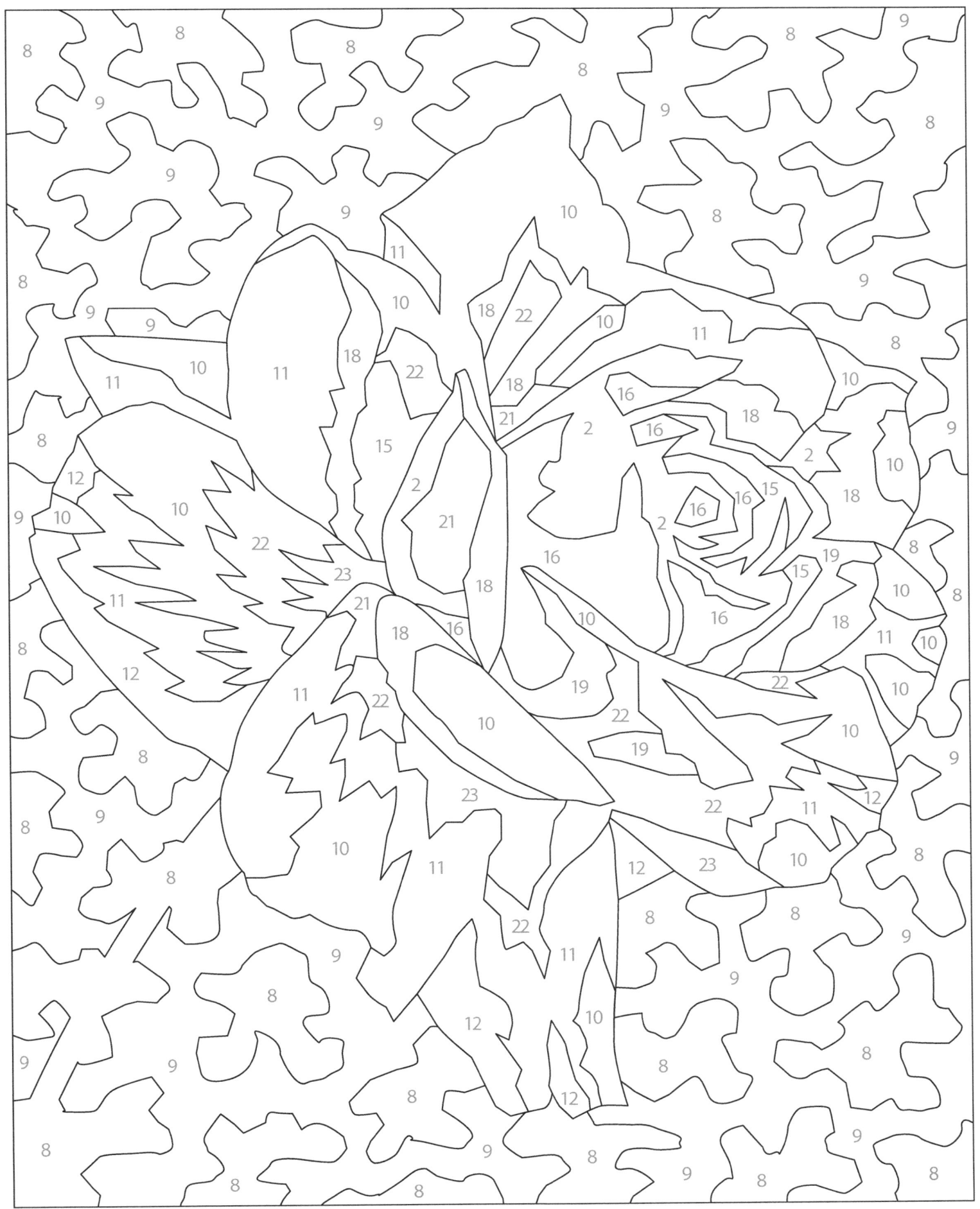

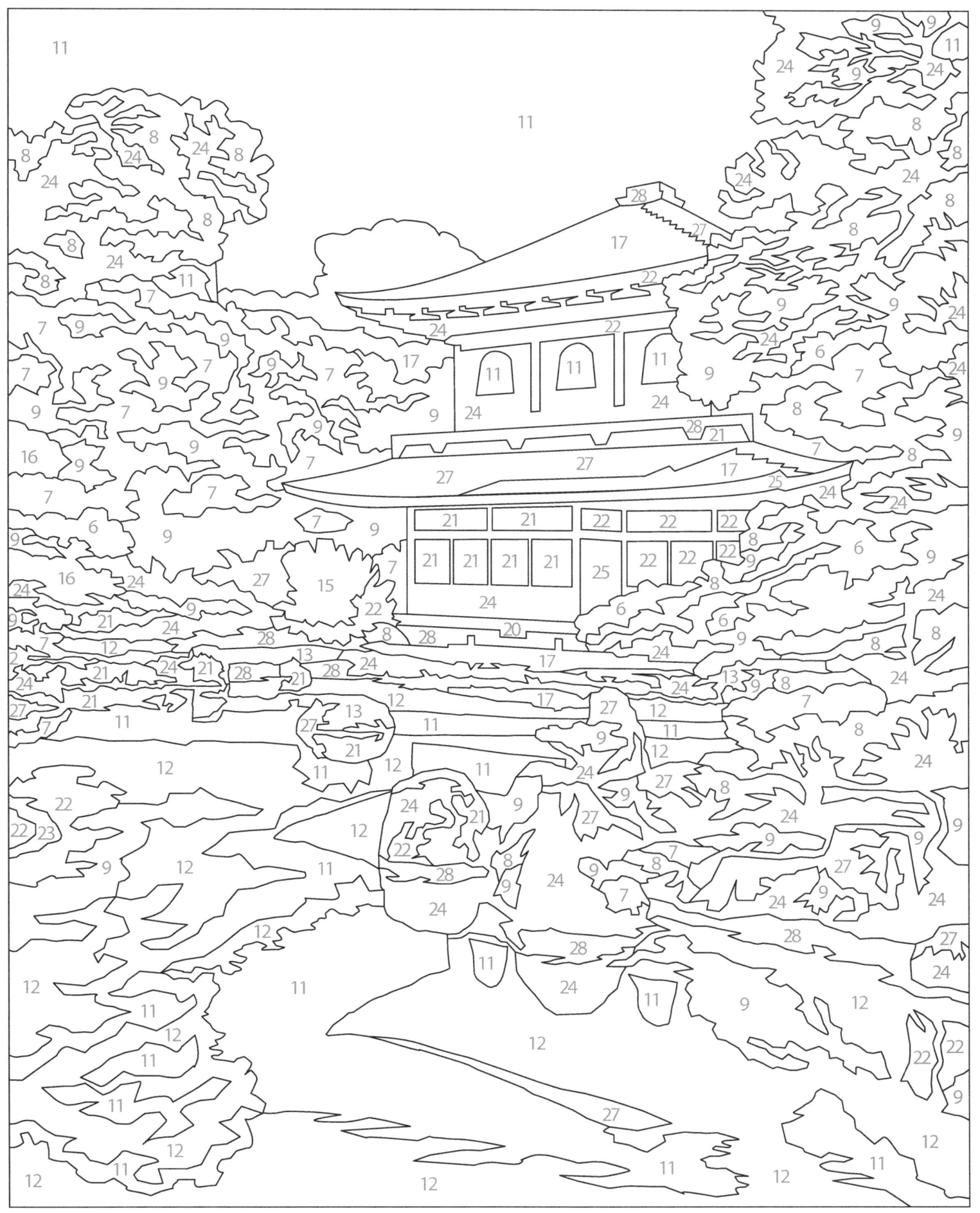

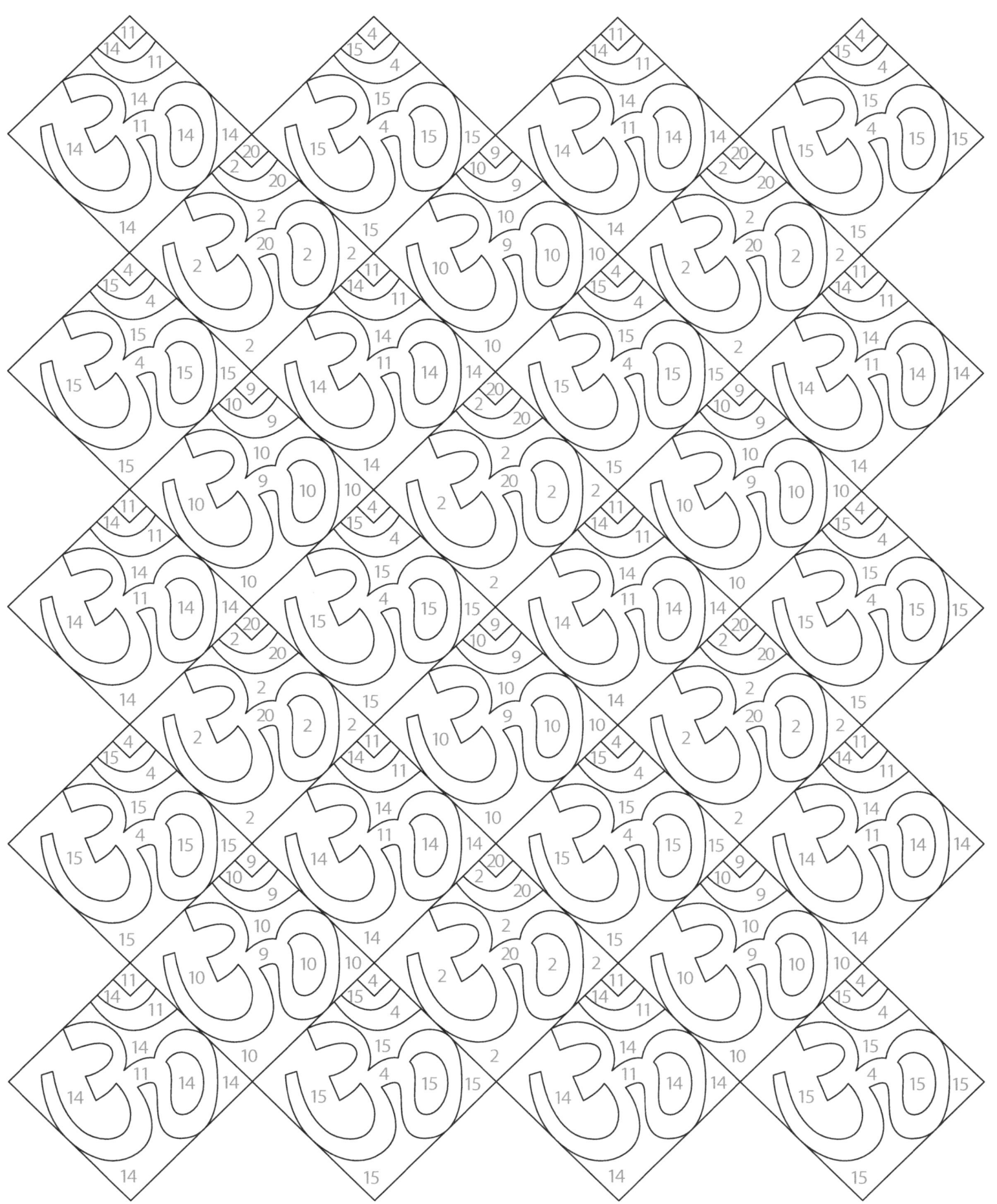

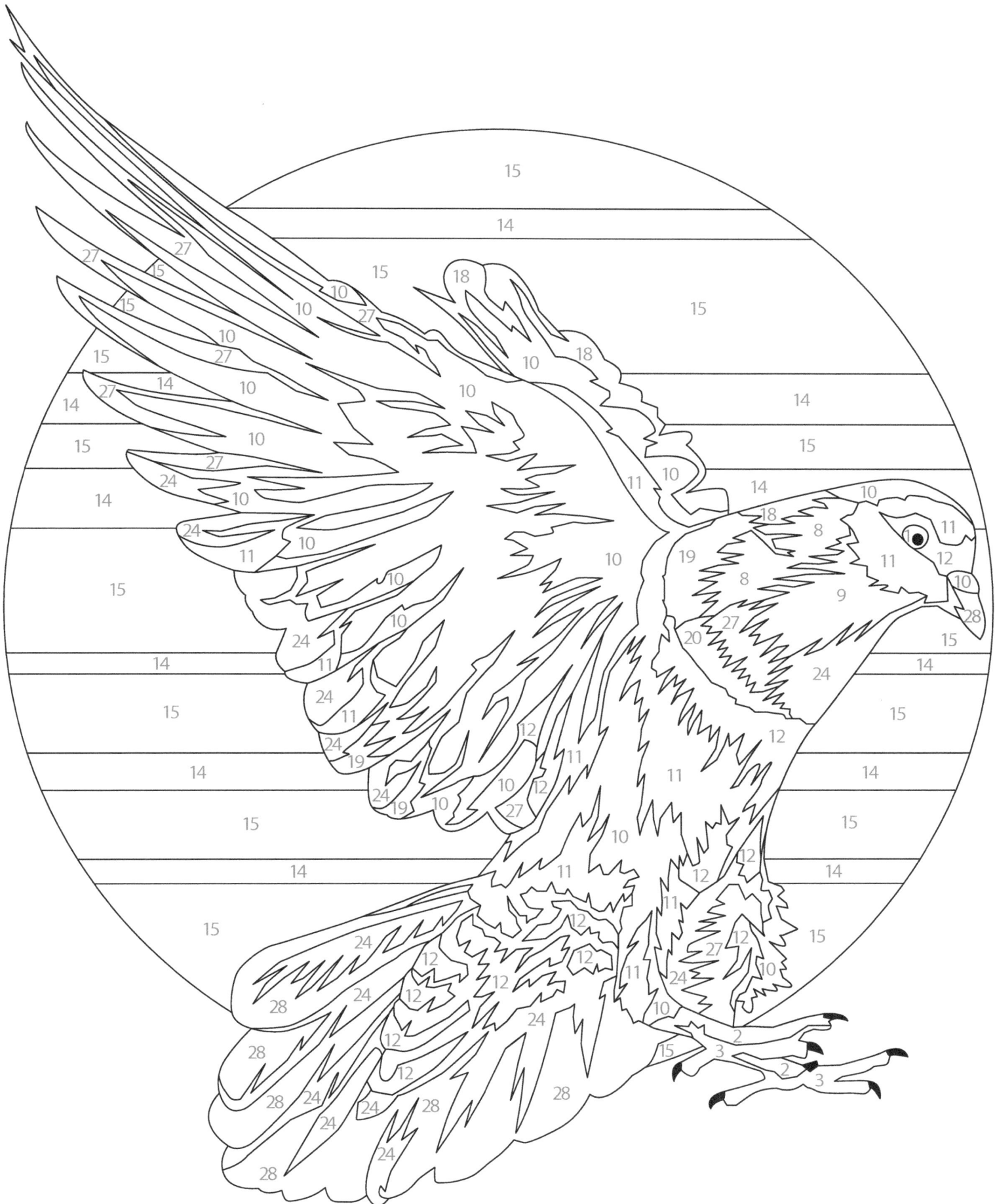

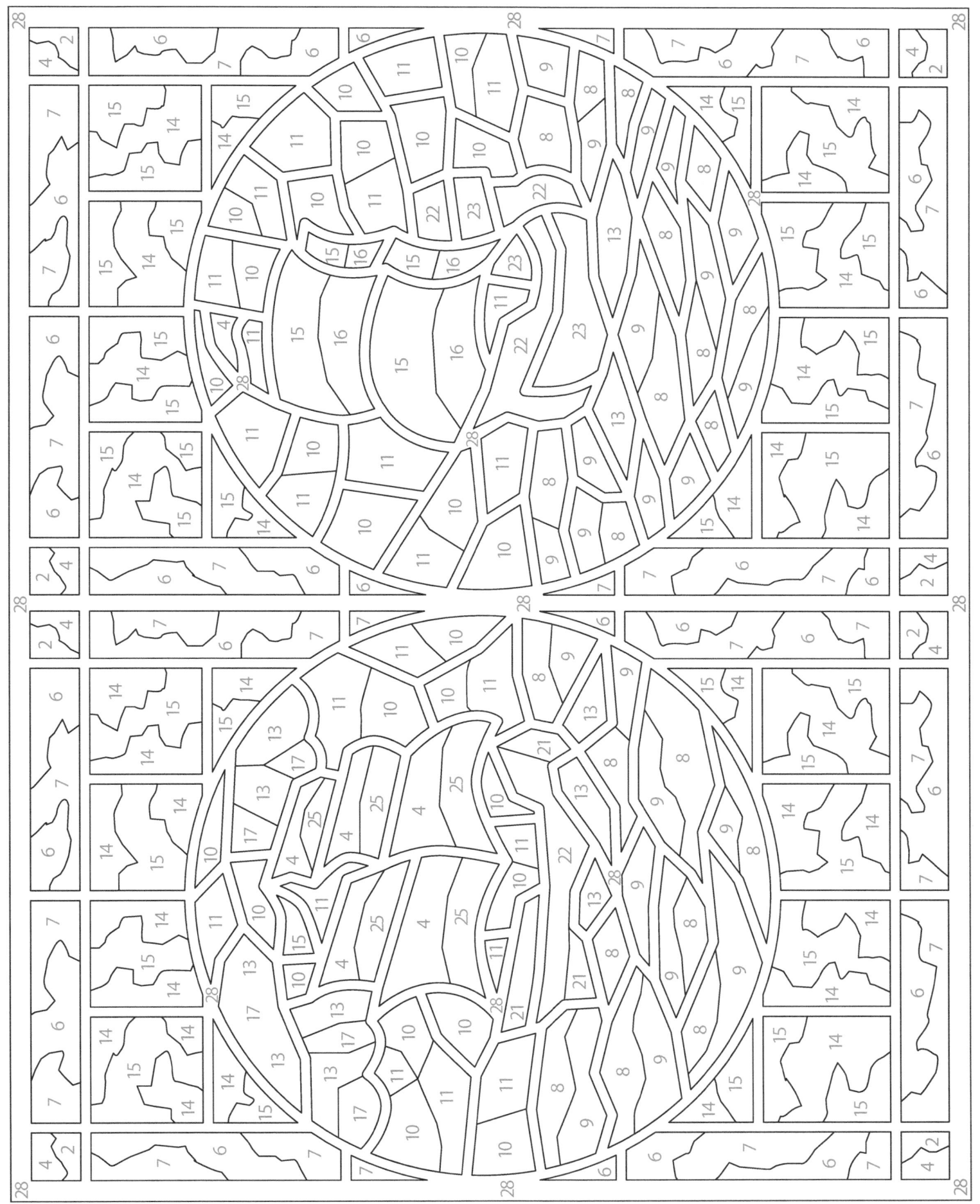

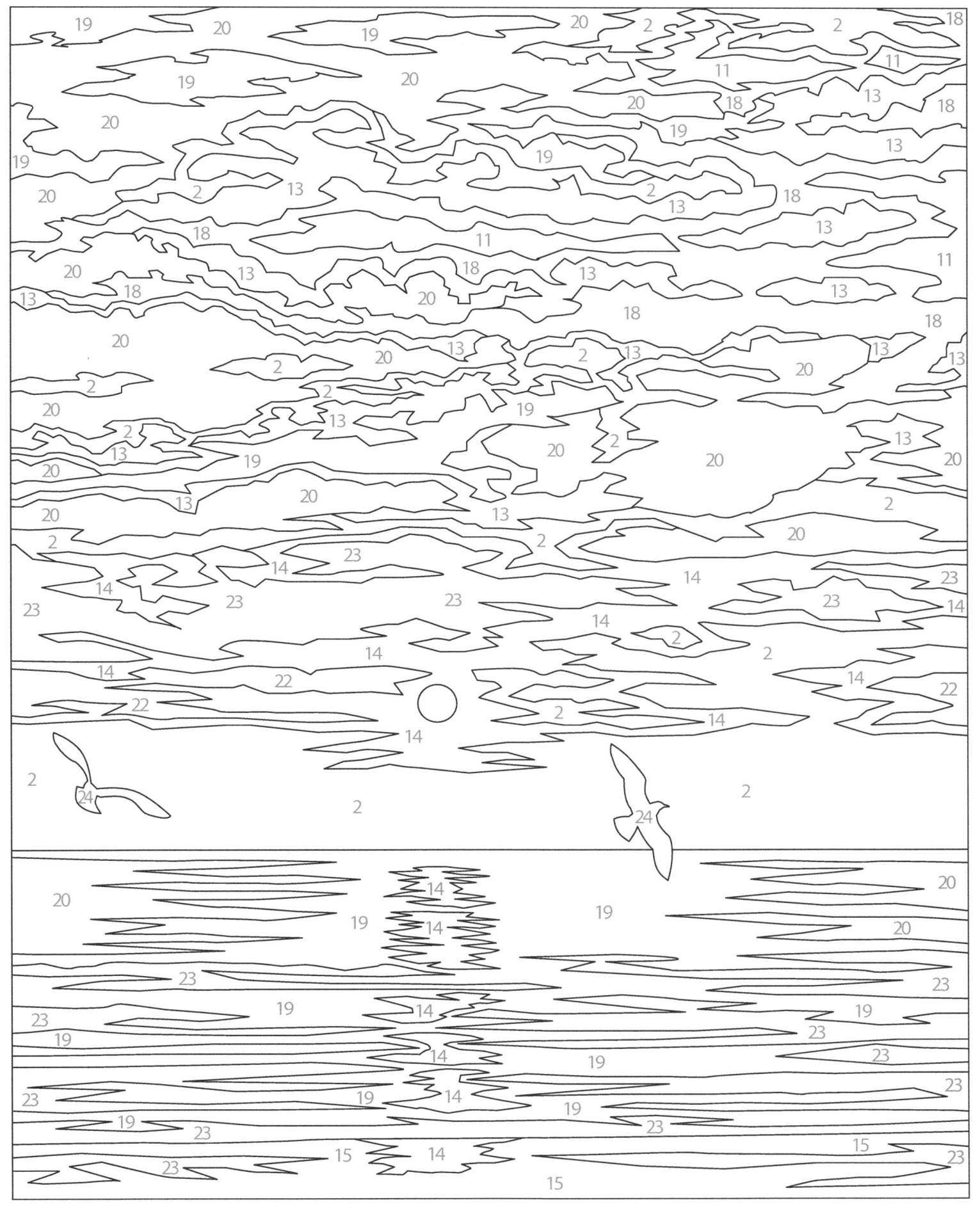

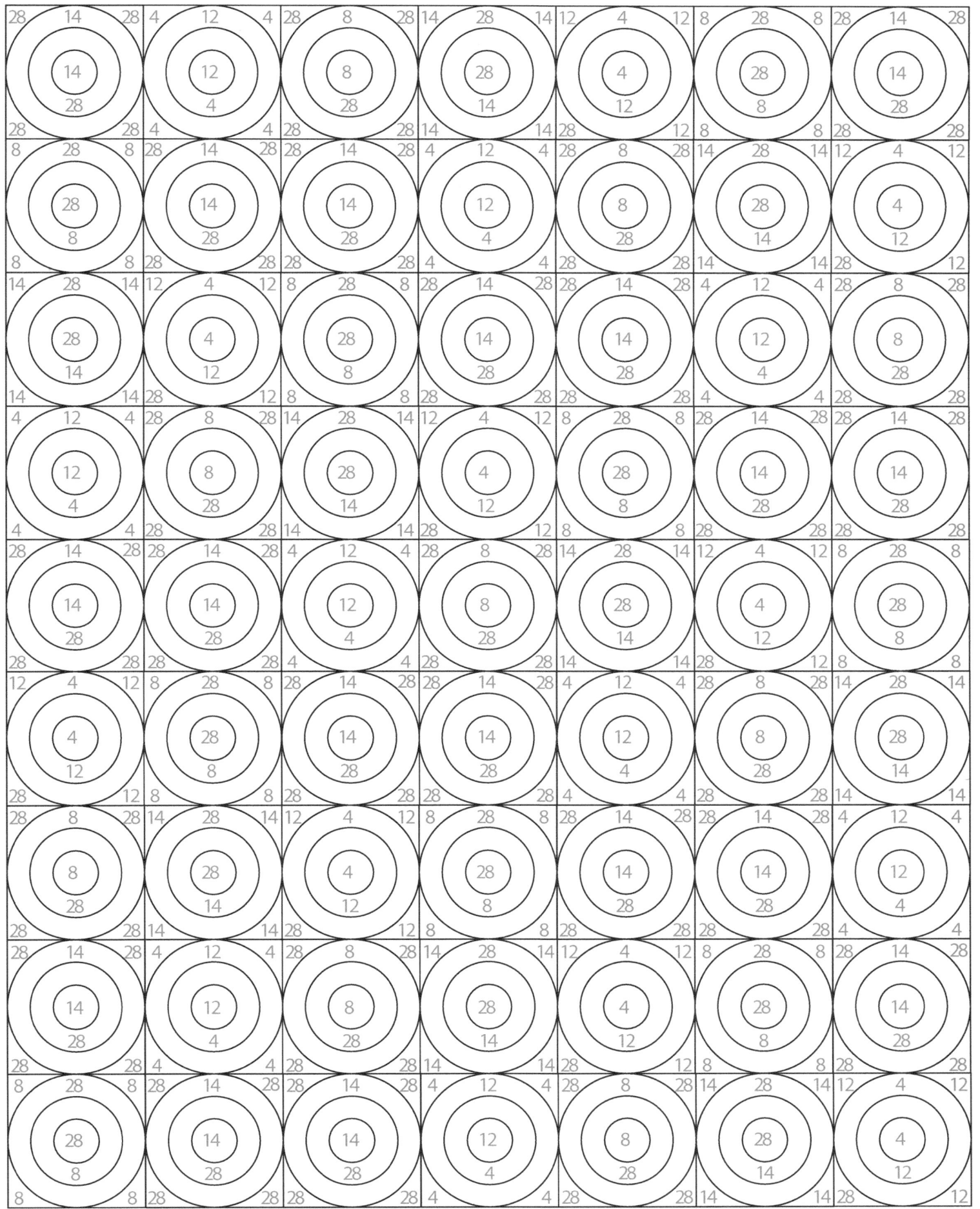

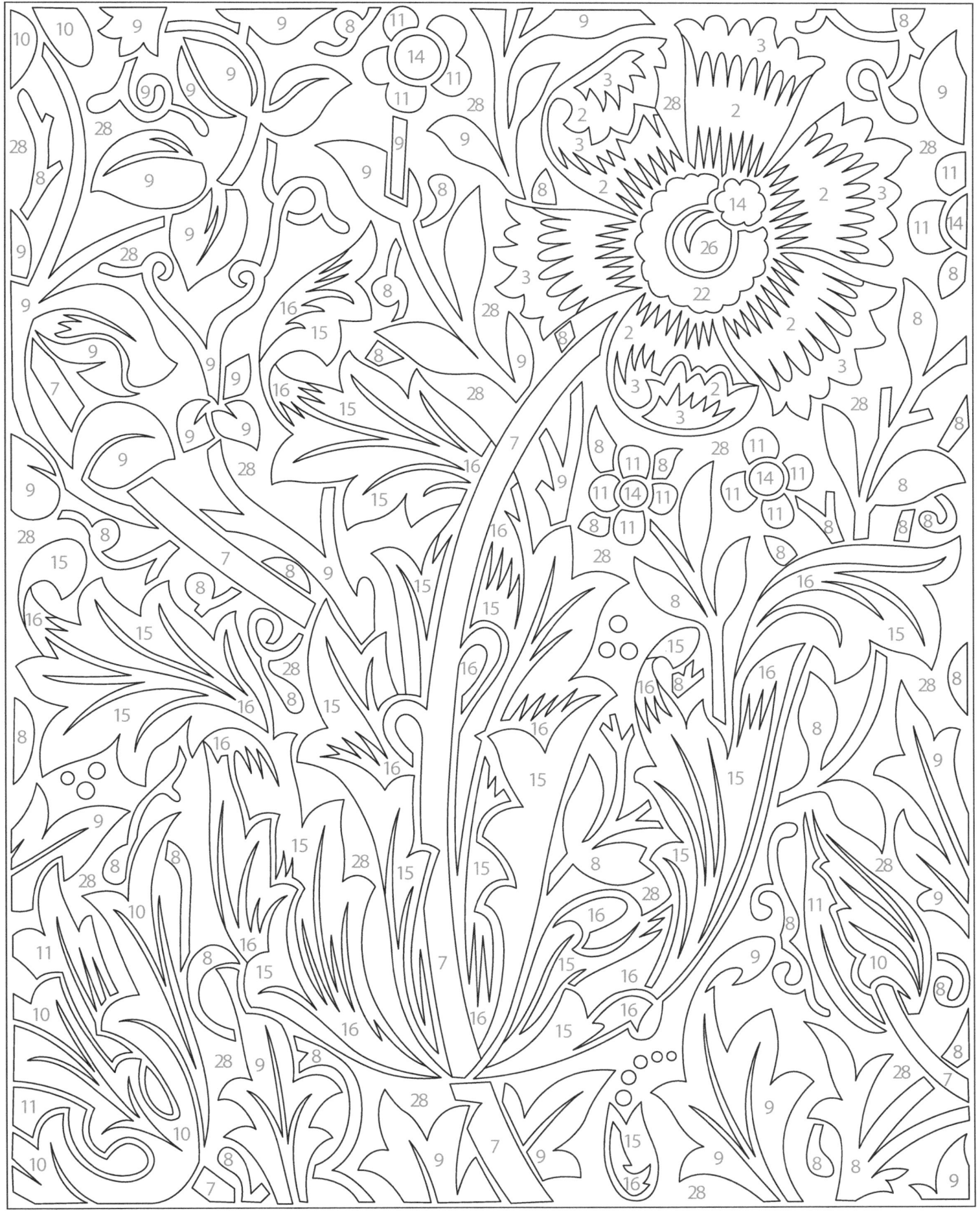